（第三版）

民族誌學

Ethnography : Step by step (3rd edition)

David M. Fetterman◎著

賴文福◎譯

聯合　臺北醫學大學拇山綠杏講座教授　　　臺北醫學大學校長
推薦　**胡俊弘**　　　　　　　　　　　　　**閻雲**

民族誌學是一門生動的學問

　　陣雨後的臺北，格外清新，賴文福教授來電告知《民族誌學》第三版新書即將出版，請我寫序。這是一位我非常敬佩的學者，再接再厲的跨領域新版書，乃欣然寫幾個字為新書補白。

　　還記得1990年，我辭卸史丹福大學教職，返臺參加北醫復興建設工作，認識了賴文福博士：

1. 一位紮實成就的牙醫學臨床醫師。
2. 先後在美國俄亥俄州立大學和哈佛大學訓練和研究。
3. 生醫領域的研究主題是如今高度熱門的「膠原蛋白」。

　　有幸邀請他到臺北醫學院（2000年改名臺北醫學大學）擔任專任教職。賴教授的生涯里程確是多元多采、豐富壯闊。和夫人俞冰清女士攜手創辦了臺北愛樂交響樂團，耕耘超過二十餘載，令人敬嘆！1990年代，我們志同道合一起在北醫發展「醫學人文」，在醫學院發展人文科學是篳路藍縷的工作。他的遠見和視野發揮了可觀動力，搭起社會科學與醫學研究的橋梁，先後出版了五本書，為北醫大在醫學社會科學奠定了橋頭堡。

　　民族誌學是一門生動的學問，賴教授及其研究團隊長期致力於民族誌學研究的基礎理論，如今引進史丹福大學David M. Fetterman的Ethnography: Step by Step一書的精粹，一系列的觀念與方法，包括選擇與抽樣、參與觀摩、各種訪談技巧、如何制定問題、生活史及深度自傳性訪談等等。深入淺出引導學習，是一本最有效率的工具書。再

者，Fetterman博士的研究在史大以及與醫學相關的課題有豐富的成果，是醫學人文極佳的實踐。醫學人文的研究在北醫已於二十世紀九十年代起動，期盼賴教授這本新書再度激發熱情，欣欣向榮。

臺北醫學大學

拇山綠杏講座教授

胡俊弘

2013年5月

開創民族誌學研究新境界

　　民族誌學不僅是方法研究，也是一種生活方式，它是一門引人入勝而具生命力的學問。概括來說，民族誌是一種描述群體或文化的藝術與科學，極富挑戰性。

　　民族誌學家必須要在各種文化的荒漠中漫遊，試著學習從各式各樣的人們眼中去看這個世界。但是，民族誌學的研究者必須在五花八門的文化領域中，辨識並找出合適的問題，並且熟悉在這個範疇中使用理論、概念、方法、技術和適當的設備，才能達成目的，完成研究工作。換言之，民族誌學家必須盡可能分析他們的數據，寫出他們發現的事實，並以清晰且讓人信服的方式加以記載敘述，公諸於世。由於這不是一件容易的事，因此，由美國David M.Fetterman博士撰成的 *Ethnography: Step by Step* 一書，對新進要鑽研民族誌的新手，提供完整研究系統與方法，以深入淺出方式引導學習者順利踏進這個文化領域，它是一本民族誌學的最佳工具書。

　　為了讓國人一窺民族誌學的堂奧，臺北醫學大學醫學院醫學人文研究所、臨床醫學研究所的賴文福教授，特別將這本書譯成中文，呈現給讀者，將可作為民族誌學者進行研究的參考指南，極具意義。

　　賴文福教授負笈哈佛大學師事張光直院士，也曾受李亦園院士及陳中民教授指導鼓勵，對民族誌有深入而紮實的基礎，再加上其臨床及醫學人文領域理論及實務背景，使民族誌學與醫學互相密切結合，開創學術嶄新的領域，值本書第三版問世，故為序推薦之。

臺北醫學大學校長

閻雲

2013年5月

譯序

　　譯者在美國俄亥俄州立大學接受專科醫師訓練時，受到李亦園院士及陳中民教授的鼓勵開始研讀民族誌；後來在哈佛大學做研究時受到張光直院士的指導，嘗試以民族誌研究法來進行醫療行為研究；發現不同的詮釋方法對不同領域的研究有對比與補強的效用。受到胡前校長發展醫學人文的用心所感召，開始以紮根理論及民族誌研究法來做醫學人文研究。

　　本書的作者Fetterman以田野調查為核心，發展出一系列的觀念與方法，諸如選擇與抽樣、參與觀察、各種訪談的方式與技巧、如何制訂問題、生活史及深度自傳性的訪談等等，同時介紹資料分析與撰寫報告的基本技巧，全文寫來敘述生動、有趣且富哲理，同時又一步步清晰地介紹，是一本簡要的民族誌工具書。

　　「第三版」不僅增加了許多圖片及實際的民族誌案例，也加入了數位影像資訊與網路科技，不僅用於蒐集資料，更有利於分析及撰寫發表。

　　本書不僅提供初學者一窺民族誌學的堂奧，也可作為民族誌學家進行研究的指南。內容雖繁複，但有條不紊且生動有趣；如同品茗香而醇，反覆閱讀越陳越香。

臺北醫學大學
醫學院副院長
臨床醫學研究所及醫學科學研究所教授

賴文福
2013年4月於臺北拇指山下

原序

　　身為超過三十年的實用人類學者，我慣常將人類學觀點應用於實務難題。此背景始終影響著我對民族誌學（ethnography）的論點，此偏見也幫助我將大量的民族誌學議題劃分為少數精要。民族誌學不僅僅是森林一日遊，也是穿越複雜的社會互動世界，一趟饒富野心的旅程。

　　本書代表旅程中的眾多道路之一。主旨是為了讓其他研究者能好好享受旅程且到達目的地。這不是一本普通的入門書。這是一本給實踐民族誌學家（practicing ethnographer）的參考書。像是本遊記，它辨識與討論每個專業或潛在民族誌學家都會碰到的主要地標。令人覺得諷刺的是，在民族誌學中，要抵達目的地常常意味著走錯路，踏入死胡同或繞遠路，有時甚至完全迷路。我希望本書能為入門者提供有用的嚮導，為教師提供工具，而為有經驗的民族誌學家提供些許輕鬆的複習材料。

　　此改版往前邁向了一個巨大的邊境——網際網路。對於民族誌學家來說，網路是有力的資源之一。本版透析運用網際網路的多種方式，包括管理線上問卷，建立網頁式共用編排文件，架設協作式網站，視訊會議，以及如何存取線上期刊及相關材料。網路工具對當今的民族誌學家來說是不可或缺的。

　　網路雖強而有力，卻僅僅是人類工具（human instrument）的延伸。只有以價值及觀念引領時才具備作用。我一生使用民族誌觀點及工具，致力於民族誌研究以及日常生活。憶及多年前在表妹的婚

禮上，我對姨媽解釋我的工作，具體說來，在民族誌及民族誌評鑑領域，我自認屬於方法論者（methodologist）。她的反應回想起來並不意外：「所以你不再是猶太人了嗎？」我澄清解釋，表明我對宗教信仰及文化的堅定投入，並且對於引起誤解感到抱歉。然而，從內在觀點（emic perspective）到非主觀判斷的方向（nonjudgmental orientation）等等方法論的考量，與我的思考方式從來密不可分，因此我當時的回答，其實反映了我對專業的自我定位（Fetterman, 2004b）。

　　於生活中奉行尊重與誠實的價值觀是顯而可見的，但或許文化的力量，脈絡化（contextuallization）、多方驗證（triangulation）等觀念較難以應用於日常生活中。文化詮釋，徵集主位或內部觀點（insider's perspective），這些觀點有助於我理解溝通錯誤（miscommunications）及非適應行為（maladaptive behavior），亦幫助我發展解決實務問題的替代方式。民族誌學不僅是方法研究，也是一種生活方式。

致謝

　　我虧欠許多朋友。我曾在遍布全球的許多研究及數百種情境之下，與眾多學生、老師、受訪者、原住民、官員、醫師、贊助者、同僚們共事，從澳大利亞到西班牙，尼泊爾到日本。他們養成我對民族誌的理解，所提供的經驗對本書貢獻良多。

　　我也感謝那些促成我知識上成長的人，特別是在教育和醫學人類學上。我要特別感謝George、Louise Spindler、Clifford Barnett以及Bert Pelto，他們幫我打下了了解民族誌的根基。

　　內文中多次提到有關精神測定學方面的協助，則是由G. Kasten Tallmadge、Lee J. Cronbach、Ed Haertel和Shoran Perry提供的。這些同事和Lee Shulman、Joseph Greenberg、Jim Gibbs、Loisellin Datta與其他很多好朋友和來自人類學及教育委員會、全美評議協會、應用人類學協會以及全美教育研究協會的同僚們都協助我更進一步地了解道德上及政策上的決定。

　　Harry Wolcott、Michael Patton、Debra Rogc和Elaine Simon在完成這本書的不同階段裡慷慨地給予建言與提議，他們的意見真是切中要點又有用。

　　Gene Glass 在本書撰稿過程中與我結為好友，並提供概念上與編輯上的批判觀點。他是一位充分理解研究的力量與前景的同事，包括民族誌學的網路應用，他的觀點與協助無人可比。

　　在此另外感謝數位友人，Abraham Wandersman與他的團隊組成我的東岸學習社群，專注於彰權益能評鑑，承繼了我的民族誌學訓

練及經驗。我同樣虧欠我在史丹佛大學醫學院醫學教育研究組的西岸學習社群，特別是Neil Gesundheit和Jennifer Deitz，兩位協助我提升對於醫學教育的思考，評鑑及質化研究方法。C. Deborah Laughton、Leonard Bickman、Lisa Cuevas Shaw和Vicki Knight提供了必要的支援與彈性令我得以完成此書新版。

　　同時感謝我的家人提供靈感，驅使我每天早起，在職在家都努力當個好人。內子Summer、小女Sarah、小犬David，感謝他們喚回我發問、探索與理解的愉悅，同時也提醒我萬物之常──即為變。

關於作者

　　David M. Fetterman 任職Fetterman and Associates董事兼執行長，為全球客戶及社群進行民族誌學與評鑑工作。現並任阿肯色州布拉夫松（University of Arkansas at Pine Bluff）分校教育學院教授、墨西哥Colegio de Postgraduados合作教授、聖荷西州立大學（San Jose State University）特聘客座教授。他同時也是阿肯色州評鑑中心主任。Fetterman博士於史丹佛大學（Stanford University）任教二十五年，曾創立且擔任史丹佛大學醫學院評鑑部主任，亦曾任職發展部、校友公關部、評鑑部主任及教育學院顧問教授。於教育學院擔任文學碩士政策分析與評估計畫主任十年，並輔佐行政部門高階管理人進行營運稽核與民族誌學評鑑。他是加州整合研究學院（California Institute of Integral Studies）前任研究主任、美國研究機構（American Institute for Research）首席研究員、RMC Research Corporation資深副主任及專案主任。他獲得史丹佛大學教育及醫療人類學博士。於以色列（包含奇布茲居留期間）和美國（主要為內陸城市）進行田野工作。David的工作領域包含民族誌、教育評鑑、政策分析及教育科技，亦專注於輟學生、資優教育、中期職涯記者培訓、菸害防治、醫院評鑑（accreditation）及醫學教育。

　　David是美國人類學會委員會、教育委員會及美國評鑑學會前會長，同時擔任上述三組織之議程主席，另曾任美國評鑑學會合作評鑑部、參與評鑑部、彰權益能評鑑部副主席。

　　他曾就地方、各州及國家層級進行廣泛多元的評鑑研究。David

的研究主要位於都市情境。他為美國教育部執行為期三年的全國性輟學生計畫評鑑，亦針對移民、雙語及特殊教育計畫族群進行研究。David為舊金山州立大學（University of San Francisco）及加州大學柏克萊分校（University of California, Berkeley）進行評鑑，同時也為史丹佛大學董事會提供各種評估，包括史丹佛線性加速器中心、史丹佛大學醫院、醫學院、圖書館、環境健康與安全部，及許多學術和行政部門。他亦提供校長史丹佛師資培育方案的評估。

他曾於一所內陸高中、兩所猶太人學校，與眾多大學環境任教，並擔任反貧困計畫主任，尤以發展民族誌學及民族誌評鑑的貢獻而全球聞名。然而，其近期成就聚焦於發展彰權益能評鑑——幫助人民自助。此方法奠基於其所受之民族誌學訓練與專長。他已廣為運用於美國、澳洲、巴西、伊索比亞、芬蘭、以色列、日本、墨西哥、尼泊爾、紐西蘭、南非、西班牙及大英帝國。於美國境內，David為馬林社區基金會（Marin Community Foundation）的互助保健計畫、修列基金會（Hewlett Foundation）振興帕羅奧圖社區（One East Palo Alto）五百萬美元計畫、伊利諾州酒精與虐待辦公室及衛生服務部心理健康辦公室、路西爾派卡德兒童醫院（Lucille Packard's Children's Hospital）、史丹佛醫學院、美洲原住民部落團體各促進會，包含密西根州跨部落評議委員會（Intertribal Council of Michigan）和波特蘭俄勒岡本地志業機構（Native Aspiration in Portland Oregon）、劍橋大學、加州整合研究學院認證，以及一千五百萬美元的惠普數位村計畫進行了民族誌及彰權益能評鑑。同時亦積極投入阿肯色州特教學校及菸害防治計畫民族誌及授能評鑑（計畫詳見http://www.davidfetterman.com）。

David獲頒2008年傑出高等教育專業獎（Outstanding Higher Education Professional Award），並被選為美國人類學協會（American

Anthropological Association）及應用人類學協會會士（Society for Applied Anthropology）。另以身為學者與從業人員身分，對教育人類學的傑出貢獻，獲得喬治與路易斯史賓德勒獎（George and Louise Spindler Award），及人類學與教育委員會（Council on Anthropology and Education）頒發的民族誌評鑑獎，以對民族誌教育的貢獻獲頒評鑑研究學會（Evaluation Research Society）會長獎。因將知識轉譯為行動，榮獲華盛頓實用人類學者協會（Washington Association of Practicing Anthropologists）實踐出版獎。David因對評鑑理論的傑出貢獻獲得保羅拉札斯菲爾德獎（Paul Lazarsfeld Award）與對評鑑實務累積貢獻獲頒米達爾獎（Myrdal Award）——美國評鑑學會的最高榮耀。

David亦致力於各州、全國及國際層面的資優教育，於史丹佛大學創建並組織了第一、二屆資賦優異教育聯合會（Gifted and Talented Education Conference），並獲頒1990年門薩教育研究基金會優異獎（Mensa Education and Research Foundation Awards for Excellence）。門薩教育研究基金會鼓勵深入自然、個性與運用才智的研究。此獎項頒給Fetterman的著書《優異與平等：資優教育的質性差異研究》（*Excellence and Equality: A Qualitatively Different Perspective on Gifted and Talented Education*）以及收錄於《教育評鑑與政策分析》（*Educational Evaluation and Policy Analysis*）與《國際資優教育》（*Gifted Education International*）的相關文獻。

美國教育部派給Fetterman指定一個全國資賦優異兒童中心的苦差事，部分由於他在著作《優異與平等：資優教育的質性差異研究》中的建議。該中心順利運作，Fetterman為顧問團的一員，目前服務於資賦優異兒童國家研究中心（National Research Center on the Gifted and Talented ）。Fetterman同時身為舊金山紐葉樺私立學校（Nueva

School，一所資優教育學校）董事會成員。

　　Fetterman博士在史丹佛大學線上博士班課程及課堂教授超過十五年，以補充面對面指導的不足。近日亦於阿肯色州布拉夫松（Pine Bluff）分校開設新系列線上課程。他於《實用人類學》（*Practicing Anthropology*）及《教育研究者》（*Educational Researcher*）等期刊投稿關於線上教學及視訊會議的文獻。他定期維護美國評鑑學會合作評鑑部，參與評鑑部與授能評鑑部討論區、部落格以及協作式網站。同時維護美國評鑑學會合作評鑑部，參與評鑑部與授能評鑑部網站（http://www.davidfetterman.com）點選「授能評鑑」與授能評鑑部落格（http://eevaluation.blogspot.com）。Fetterman博士被派任至美國教育研究學會通信傳播委員會（American Educational Research Association's Telecommunications Committee），於該領域指導學會。

　　作者接受眾多聯邦機構、基金會、公司行號及學術機構諮詢，包括美國教育部、國家精神衛生局、疾病管制局、美國農業部、凱洛格基金會（W. K. Kellogg Foundation）、洛克菲勒基金會（Rockefeller Foundation）、Walter S. Johnson基金會、安妮可希基金會（Annie E. Casey Foundation）、馬林社區基金會、修列基金會、惠普慈善基金會（Hewlett Packard Philanthropy）、John S. and James L. Knight基金會、阿肯色教育部、可希家族基金會（Casey Family Foundation）、默合製藥（Syntex）、南非獨立發展信託基金（Independent Development Trust in South Africa）、幼兒完全融入研究學會（Early Childhood Research Institute on Full Inclusion），與美國及歐洲各大學。他亦接受外國機構和政府諮詢，例如日本文部省、巴西衛生部、衣索比亞衛生部，以及紐西蘭毛利發展部（Ministry of Maori Development）。

　　Fetterman擔任Garland/Taylor and Francis Publication's Studies 出版之「教育與文化研究系列」主編。他亦參與多家百科全書編纂，包括*International Encyclopedia of Education*、*Encyclopedia of Human Intelligence*、*Encyclopedia of Evaluation*以及*Encyclopedia of Social Science Research Methods*。他為下列文獻書籍作者：*Empowerment Evaluation Principles in Practice*、*Foundations of Empowerment Evaluation*、*Empowerment Evaluation: Knowledge and Tools for Self-assessment and Accountability*、*Speaking the Language of Power: Communication, Collaboration, and Advocacy*、*Ethnography: Step by Step*（第一版與第二版）；*Qualitative Approaches to Evaluation in Education: The Silent Scientific Revolution*、*Excellence and Equality: A Qualitatively Different Perspective on Gifted and Talented Education*、*Educational Evaluation: Ethnography in Theory, Practice, and Politics*以及*Ethnography in Educational Evaluation*。

Fetterman與兒子在史丹佛校園中庭玩球

此書獻給Summer，我的妻子、伴侶、工作夥伴、愛人、兒子的母親。

她以雙手擁抱生命

她賦予所有生命

她從網路海洋中吸吮

她孕育生命並哺育祂

她遵從自然與猶太傳統

她述說著家族語言

她的天賦是洞悉一個每天都有嶄新旅程的世界

並豐富了這新世界

Fetterman與妻子Summer

目　錄

第一步：總論　　　21

有節奏地行走：人類學的概念　　　41

荒野指引：方法和技巧   65

記錄奇蹟：寫作 173

第一步：總論

千里之行，始於足下。

——老子

　　民族誌是一種描述群體或文化的藝術與科學。描述的內容可能是關於某個異國的小部落或中產階級社區中的一個班級。這個工作很像新聞記者所做的調查工作。他們要訪問相關的人、檢視檔案記錄、衡量與其他人意見相左的人的可信度，找出特定利益團體與組織之間的關聯，並為關心的大眾以及專業的同行撰寫出整個故事的來龍去脈。然而，善於調查的記者和民族誌學家不同的主要關鍵在於：記者挖掘不尋常的事——兇手、墜機或銀行搶劫，而民族誌學家則記錄人們的日常生活。研究的焦點放在人類思想和行為中較可預測的型態上。

　　民族誌學家的特色是要能對他們所研究的族群或文化保持開放的心靈（open mind）。然而，這個能力不代表他們不嚴謹。民族誌學家帶著開放的心靈，而非空洞的腦袋進入研究領域。在開始問第一個問題之前，民族誌學家首先遭遇到的困難是：必須決定是理論或範例，必須決定研究的設計、特定資料的蒐集技巧、分析的工具及一個特定撰寫的形式。就如同其他每一個領域的研究者一般，民族誌學家一開始也會對人們如何活動及思考有先入為主的觀念或偏見。事實上，研究問題、地區或人群的選擇本身就含有偏見。偏見帶來正反兩面的作用。控制得宜的話，偏見可以集中焦點，避免不必要的努力；反之，則會在不知不覺中，折損了研究品質。為了緩和偏見帶來的負面效果，民族誌學家必須先把自己的偏見揭露出來。一系列額外的品質控管方法，像是多方驗證（triangulation）、脈絡化（contextualization）及無主觀判斷的方向（nonjudgmental orientation）可以降低這些偏見的負面影響。

開放的心靈也可以讓民族誌學家發現原先不在研究設計中，但卻豐富而未開發的資料來源。民族誌的研究可接受研究過程中對於事實的多種解釋以及改變對資料的詮釋。民族誌學家樂於從主觀或局內人的觀點去了解及描述一個社會和文化的背景為何。他們既是說書人也是科學家；越是好故事，越能讓民族誌的讀者接近並了解當地人的觀點。

緒論

這一章是民族誌研究過程中所有步驟的緒論。以後的章節則會詳盡地陳述這些步驟的細節。研究過程始於民族誌學家選定了問題或主題，決定了理論或模式來主導研究。同時，也要選擇是否以基本或應用的研究方法來描述或表現研究結果。然後研究的設計提供了一套基本導引，是研究中指導該做些什麼事及該去的地方。田野調查（fieldwork）是民族誌研究設計中的核心部分。在這個領域中，基本人類學概念（anthropological concepts）、資料蒐集方法、技巧以及分析是「做民族誌」的根本要素。選擇和使用不同的設備，包括以人類工具來促使研究進行。民族誌學工作經過各個階段的分析，最後變成以田野筆記、備忘錄，或臨時報告呈現的成品，不過大部分會變成出版的報告、文章或書籍。

隨後的章節將會以有條理的順序介紹這些步驟，用具體的案例來說明每一個步驟。這種逐步進行的方法，也強調了民族誌研究中計畫

和組織能力的重要性。民族誌越是有組織，他（她）就越能從所蒐集
到堆積如山的資料中理出頭緒。要從充滿潦草難懂筆跡的草稿中篩選
所要的，聽取數百小時的錄音帶，標記和編排大量的圖片及幻燈片，
以及交叉檢索資料的磁片，對一個採取組織性且有審慎計畫的民族誌
學家來說，會較其他人大為輕鬆。

　　然而，事實上民族誌的研究並不總是有條理的。這門學問包含無
意中發現新奇事物的潛力和創造力、在對錯抉擇之際做出正確決斷、
大量艱難的工作極可能面臨過時的命運。因此，雖然本書的主題設計
於有條理的結構下，我仍盡力傳達這些觀念，如同民族誌研究中一些
沒有計畫且混亂無章、但卻總是吸引人的特性。

　　另一方面，大多數的研究是先蒐集資料再分析，民族誌研究則是
研究分析與資料蒐集同時進行。每一次在正式的分析出來之前，民族
誌學家必須先從不同型態的資料中分辨及分析出有價值的相關部分。
顯然地，民族誌研究包含分析所有不同的層次。從民族誌學家構思一
個新計畫的那一刻開始，到最後撰寫和報告它的發現為止，分析就是
一種使人前進的動力和樂趣。

問題

　　民族誌研究肇始於選定一個問題或有興趣的主題。民族誌學家選
擇的研究問題主導了整個研究的努力方向。典型的方式是以口述訂定
研究設計，包括預算、工具，甚至研究成果的呈現。民族誌學家如何
解釋及定義問題的範圍，通常反映了研究是基礎還是應用的定位。經

由問題也許可以找出最適合的研究方法──民族誌的、調查研究的，或實驗性的。

一個研究者可以用很多方式提出問題──例如美國高薪資及高地位職業中的少數不平等待遇。舉例來說，在確定整個美國中某一項特定行業的種族數時，調查研究的方法可能比民族誌的方法有效率得多。然而，描述性的探討，如民族誌法，則對研究特定行業中不平等待遇是如何發生的最為有用，包括文化價值如何傳承而造成制度上的種族歧視主義，以及人們如何看待這種不公平性。為了確定這個改善特定種族間經濟差異的計畫所造成的影響有多大，採用一個近於實驗的計畫（quasi-experimental）加上描述性的方法應該會是最恰當的。因此，研究問題的定義其實就是民族誌學家想知道的一切說明。

本質上，問題或其定義是研究努力的原動力。問題先於研究方法的選定，以避免陷入尋找問題的迷思中，否則將會導致失敗和不精確的結果。

基礎或應用

研究者的任務是更進一步純化出問題的定義。一篇亂倫禁忌的論文似乎是典型人類學或心理學的研究。然而，在研究者可以判定是歸類在基礎或應用的，人類學、心理學、社會學或其他種類之前，有更多的特別問題需要提出。在這例子中，和正確分類有關的討論焦點是提出問題類型所具有的功能。

亂倫的民族誌學研究提出社會組織、文化法律和規範的問題。

Arthur Wolf（1970）的民族誌所研究的中國人的亂倫就是一個基礎研究的典型範例。相較佛洛伊德所提出的：禁忌是被用來禁止亂倫行為發生的論點，他的研究成果支持了Westermarck關於孩童時期親密的接觸會增加對性的厭惡的假說。這份報告實際上理論成分居多，不包含任何政策性、實際或合時的應用。

　　一份亂倫的研究也可以是應用性的民族誌的工作。Phelan（1987）在這個領域的研究就是個好範例。Phelan的研究是有關亂倫在美國社會的情況。她發現發生亂倫的親生父親和繼父在行為和認知之間有顯著差異。舉例而言，親生父親比較可能因為小孩是他們本身的延續而和小孩有性關係。她的報告提出了關於亂倫禁忌所扮演的角色到底為何的重要問題，而研究也直接包含解決之道。Wolf（1970）對亂倫問題的基礎研究方法包含長期的田野調查以及花了數年篩選家庭及政府的記錄。而在Phelan的應用研究方法中，田野調查及篩選記錄所需的時間較少。Phelan的應用研究中包含即時輔導方法的部分，不過理論上的影響力較小；而Wolf的研究發現在親屬理論方面具有重要意義，但較不具有實際上的重要性。基礎研究由研究者形成概念和設計，但他們必須尋求資金的援助，通常是由很感興趣的贊助者所捐獻。所發現的成果發表在有評審制度（refereed）的雜誌上。應用性的研究經費則完全根據贊助者對這個題目所表現出來的興趣而定，但通常會訂定契約。發現的成果則發表在呈現給贊助者的報告中。

　　即使有這些差異點，基礎和應用研究的分界線已日漸模糊。很多應用研究者現在在重要理論上都有固定的興趣，而且他們會尋求一位在計畫要求上和他們有類似興趣的贊助者。此外，他們也比較常在有評審制度的雜誌和學術專文上發表，就像基礎研究者對工作有興趣且

尋找有興趣的贊助者出資一樣。然而，不同類型研究者的傳統差異仍
然存在，就像如何表達、研究和撰寫的差異一樣。

理論

    理論是實踐的指導方針；不管是民族誌或是其他的研究，任何研
究都要有根本的理論或模式引導。無論是明顯的人類學理論，或隱晦
的個人進行模式，研究者的理論方法都可以幫助定義及處理問題。

    當我父親教我如何修理漏水的水龍頭時，在表演如何堵住漏水
前，他先從解釋熱力學（thermodynamics）和水壓理論（hydraulic
theory）的第一個定律開始。很顯然地，他對理論比對實務操作要有
興趣，因為我一直都沒忘記在修理水管前上的那堂如何阻斷漏水的
課。他哲學式的探討也幫助我了解機器的零件是如何一起運作的。實
質上，他提供了一份通往理論之道的地圖，並藉由證明機器中的每個
零件的運作來解釋這個理論。

    每個人都以自己心中關於事情如何運作的一種或一套理論來處理
問題，而技巧則是選擇最適合目前工作的理論。舉例而言，我認為一
張簡單的流程圖可以告訴我如何修理漏水，這會比我父親用解釋高深
技術理論的方法要來得容易且省時。

    民族誌學家承認，對已選擇好的模式來說，了解認識論的基礎是
很重要的。典型的民族誌研究模式奠基於現象學所引導的範例上。這
個範例因為接受多重現實而採用多元文化的看法。人們根據他們個人
的認知而行事，而這些活動都有實際的影響力——因此每個人所見到

的主觀事實都不會比客觀定義和評量過的不真實。現象學所引導的研究通常是歸納性的；他們較少做一系列關係的假設。這樣的方法是紮根理論（grounded theory）的根本（Glaser & Strauss, 1967）：建構於社會文化體系或社區發展的理論是直接從實驗所得論據發展而來。

實證主義（positivistic）的範例明顯地和現象學相反。不同於典型的民族誌學家，實驗心理學家比較可能接受實證主義的範例。實證主義採納客觀事實的存在，是典型的演繹手法，對關聯性做預先的假設。

民族誌學家可從很多特定理論中來選擇。如果應用得當，每一種理論都可以在特定的主題發揮作用，應用在不合適的問題上理論就會變得無用而產生誤導。說明力較薄弱的理論不適用於大多數題目，另外曾被揭穿擊倒的理論也最好不要用。大多數研究者不管有無明言，都用了以下兩種理論中的一種：唯心論（ideational theory）或唯物論（materialistic theory）。唯心論提出：根本的改變乃源自於心靈的活動——思想和概念上的。唯物論者則相信物質狀態是改變的主要推動者，包括了生態資源、金錢和產品的形式。沒有一種方法可以解決所有的疑問；不同的民族誌學家選擇不同的方法來配合訓練、人格及特定需要或有興趣的問題。

認知理論（cognitive theory）是現今人類學中最受歡迎的唯心理論。認知理論認為我們可以用聆聽人們談話的方式來描繪出他們在想些什麼——這並非是沒有道理的假設。用語言上的技巧，我們可以分類出人們看待世界的方式。舉例來說，我們可以從愛斯基摩人身上得知他們對於雪的觀點，進一步地說，就是關於他們如何在雪這個大類別中更細膩地去區分許多種他們生活中不同類型的雪。唯心論研究者

從心靈起源的觀點看待人的世界，包括思想、信仰和知識。人類學典
型的唯心論包含文化和人格理論（包括心理分析理論）、社會語言學
（sociolinguistics）（Cazden, 1979; Gumperz, 1972; Heath, 1982），象
徵互動論（symbolic interactionism）（Blumer, 1969），以及種族方
法學（ethnomethodology）（Bogdan & Taylor, 1998; Garfinkel, 1967;
Mehan, 1987; Mehan & Wood, 1975）。

相對地，採用唯物論者學說的民族誌學家，是根據看得到的行為
表徵來判斷一切。唯物史觀（historical materialism），或者說新馬克
思主義（neo-Marxism），是一種狹隘但典型的政治和經濟性的唯物
論。馬克思主義理論認為所有的變動皆源自於生產方式和經由這些方
式所做的控制的改變。經濟勢力、階級意識、階級鬥爭和種種形式的
社會組織趨使了社會和文化的改革。人類學中其他使用唯物論的方法
還包括技術環境論（technoenvironmentalism）（Harris, 1971）和人文
生態學（cultural ecology）（Geertz, 1963; Steward, 1973）。

我發現很多理論都能幫助我研究一項為輟學生設計的全國性
計畫——職業實習計畫（Career Intern Program, CIP）。想了解事
情的真相，需要靜態和動態的理論。有一個結合了靜態平衡模式
（Gluckman, 1968）的靜態功能理論（Geertz, 1957; Radcliffe-Brown,
1952; Vogt, 1960）能幫助訂定敘述的基準。結構性功能論的方法，能
輕易地詳細標示出學校和輟學生與各個政府和類似政府機構間關係的
組織結構及功能。平衡模式讓我可以維持一切的平靜，就像為了確認
畫中每一個人所站的位置為何而暫時靜止。這個理論和範例有助於確
立基準，進而觀察隨時間變化的現象。然而，這些方法通常被視為是
靜態的，且不足以研究社會文化的變遷[1]。

革新論（innovation theory）（Barnett, 1953）可以指引為輟學生設計的CIP計畫之研究，這是一種動態理論。這項對於輟學生的實驗性計畫是有爭議性的改革。這個理論幫我分類整理了關於這個革新計畫的觀察所得，範圍從入門開始經由錯綜複雜的路徑到這個計畫的接受、拒絕或修正。文化的傳授和普及也可以幫助分析計畫是如何傳播到不同地方的〔民族誌學研究中文化傳播方法的其他範例，參見 G. Spindler（1955）；G. Spindler和Goldschmidt（1952）；L. Spindler（1962）；Tonkinson（1974）〕。靜態理論提供計畫中每一個時刻的「瞬間」印象，動態理論則有助於看出一段時間（較長期的改變過程中的一部分）重要行為模式的變化。

理論不需要費心地與建構、假設、主張和概論相提並論；它們可以只是個人看待世界如何運轉的理論。民族誌學家一般不會直言無諱巨型理論是什麼，因為他們不會主動地認同。巨型理論可以是有啟發性的，但很多民族誌學家發現它對日常研究之所需反而是累贅且無用的。通常民族誌學家會用學理上間接與巨型理論相關的範例來指導研究進行。巨型理論、範例和個人理論都會落入唯心論或唯物論的其中之一，這是一種基本的二分法，有助於分析其他研究者的工作和進行自己的研究。顯然地，在田野中的工作很多是重疊的，但大多數的研究者開始在腦中構想問題之前，都先從挑選一個本質上是唯心論或唯物論的理論或模式開始。

理論的選定應該根據適用性、應用是否容易和解釋力。理論意識形態的基礎常常蒙蔽了研究者，而不是指引他們在混亂的資料中有所進展。當理論再也不能指導方向時就沒用了；當資料不配合理論時，就該再找一個新的理論來支持〔對於民族誌研究理論的詳細討論，

參見Bee（1974）；Dorr-Bremme（1985）；Fetterman（1986b）；Harris（1968）；Kaplan和Manners（1972）；Pitman和Dobbert（1986）；Simon（1986）；Studstill（1986）〕。

研究設計：田野調查

　　根據Pelto（1970）所說，研究設計「包括結合調查中的必要元素與有效解決問題的程序」（p. 331）。通常研究設計是一種理想的藍圖，可以幫助民族誌學家在腦中構思每個步驟的順序，增進知識和理解的程度。設計通常以研究計畫的形式呈現請求贊助單位的獎助。計畫的內容有背景資料，包括史料和文獻調查、特定目標、理論基礎、方法和計畫本身具有的意義，以及時間表和預算（計畫的許多部分可以一再重複地應用於論文、文章、正式報告及書中）。一個有效的研究設計可以減少勞力，連結理論與方法，指導民族誌學家以及確保贊助單位。

　　田野調查是任何民族誌研究設計中最具代表性的一環。這個方法使所有民族誌研究的設計具體化。典型的民族誌需要六個月到兩年或更久的時間。田野調查實際上像探險一樣。民族誌學家從調查期開始學習基本的東西，包括當地的語言、血統關係的約束、人口普查資料、歷史資料和未來幾個月中研究文化的基本架構和功能。即使民族誌學家有特定的假說需要檢驗，也是用歸納法進行蒐集資料的工作〔見Brim和Spain對人類學中假說檢驗的討論（1974）〕。在研究中，民族誌學家所能想到的假說要比具體的發現來得多。在調查的階段過

後，民族誌學家開始界定出地理性和觀念性的分界線，並透過對這個地方或計畫的基本理解，確立重要主旨、問題或意見的歧異。判斷抽樣技巧，對於群眾如何看待研究系統是相當有用的。舉例來說，在一份探討一座圖書館館員之間衝突的研究報告中，我選定了心生不滿的館員中，最能暢所欲言和最能言善道的人來解釋對次文化認知不同所造成的衝突。隨機抽樣可能有助於描述圖書館氣氛的代表畫面，不過可以確定的是，我可能會忽略掉最情緒化、最反叛的圖書館員，但為了了解整個圖書館中的這股洶湧暗流，我必須傾聽這些館員的聲音。

在許多應用性的研究中，長期持續的田野調查是不太可能也不奢望做到的。Malinowski認為持續性的工作是不可或缺的，這個看法適用於研究異國文化，但在本土文化的研究工作上也是如此的話，便過於誇張了。之前提過的CIP研究中，三年裡每隔幾個月我就會花兩個禮拜的時間拜訪那些地方。這個方法讓我得以進行密集的田野調查工作，回憶及了解我所觀察和記錄的，然後回到當地測試我的假說。努力帶來了成功，因為我能不受時間的限制而觀察到行為的模式。在很多應用研究的情況中，有限的資源迫使研究者寧願在有截止日期的合約體制中應用民族誌的技巧，也不願使用發展成熟的民族誌。

田野調查最重要的是身歷其境去觀察，去問似乎愚蠢但卻有洞察力的問題，並寫下所見所聞。個人生活史可以特別詳細地說明。能言善道的人也許可以提供豐富寶貴的資訊。民族誌學家必須在資料成為建立學術基礎的根基之前反覆檢查、比較和多方驗證。工作之初，適當的組織能力就可以幫助過程的進行，不管研究者是用傳統的索引卡、卡片盒、清單或高科技的資料庫、電子傳播出版品、文字處理軟體，還是有大量彈性的資料儲存空間。保持資料的組織性和便利性可

以讓民族誌學家在調查中檢驗最細微的假設。除此之外，已組織過的可用資料在民族誌學家要離開當地並企圖理出所有的難題時是非常有價值的。在研究者自己的家鄉或國度裡所做的研究，可以有第二次或第三次的造訪機會來檢查是否有資料漏失，但在大部分的例子裡，要回去是不太可能的。因為研究的文化時空太過遙遠或計畫早已經不存在了。

決定何時離開當地是根據幾項判定的標準。通常研究經費能允許留在當地的時間有限，因此要設定研究計畫的時間表。在某些情況裡，可能是贊助者在預定的日期內就要資料，或研究者有個人或專業上的截止日期。當然，最好是確定已經蒐集到足夠的資料，可以令人信服地描述此文化或問題，並且說出其中的重要性。不同的研究者對特定研究所獲得的資料需要不同程度的信心。沒有人可以對研究結論的可靠性有十足的把握，民族誌學家需要蒐集夠多、夠正確的資料來確保對於研究發現的信心，且研究的正確性足以令人信服。除了特定訪談中觀念上的爭議，研究中發生些許小錯誤是可以容忍的。最後，當所獲得的報告越來越少時，即表示該是要離開的時候了。當類似的行為一再地出現時，調查者便應換一個觀察主題，仔細探討問題所在。同樣地，當概略的描述一次又一次地經過證實，也許就是該打道回府的時候了。

形式分析

田野調查在研究者離開當地之際結束，但民族誌研究仍繼續進

行。有些民族誌學家會花和先前田野調查工作一樣多的時間來做形式
分析，以及再分析他們所得到的資料和撰寫論文。如果民族誌學家有
組織地保存資料，並且在進行調查工作時能寫下研究的每一部分，那
麼形式分析和報告撰寫就會有效率得多。在這應用性的研究中要比傳
統的民族誌工作容易許多，因為應用性研究的委託者會希望有備忘錄
和研究期中的報告，詳細描述研究發現。這些研究期中的報告是民族
誌的起始資料或具民族誌形式之期末報告。如果仍留在當地，應用性
的研究者也可以獲得一些回應的利益。對所研究之群體或計畫的描述
可以因為考量到委託者對正確性的反應和民族誌學家本身對此計畫認
識的增加而有所修正。同樣地，備忘錄可以用來檢驗研究者對特定關
係和身分象徵的了解程度。在一份以醫院急診室為對象的應用性研究
中，我在備忘錄上描述了不同形式的制服，跟隨直升機的護士所穿的
和正規急診護士所穿的傳統服裝不同，不一樣的制服象徵了正規護士
羨慕的身分地位。結論是，這種羨慕的情緒引起上班時間裡的摩擦衝
突（特別是會影響到病人的照護）。令人驚訝地，醫院管理者和這兩
種護士都同意我的說法。在基礎研究中，我也發現和訪談的對象一起
書寫專業論文的草稿十分有效。在以色列的集體農場中，我運用這個
方法來測試我對集體農場生活的了解程度。集體農場成員對我的觀察
的反應幫助我增進描述上、洞察力和發現的正確度。

　　然而，在分析的最後階段，民族誌學家必須一再地重新整理所有
筆記、備忘錄、研究期中的報告、論文、錄音帶等資料，從無數微小
細節和初步結論裡描繪出整個體系運作的完整全貌。這個階段可以說
是民族誌研究中最富創造力的一個階段。研究者產生構想，並大膽推
測出合乎邏輯及有用的看法，當然研究者不可避免地要退一步看看資

料是支持還是反駁這些新的論點，但只透過線性、規則性的方式是無法做到的，還需要傳統辛苦的研究才行，但彈性思考和天馬行空的聯想則是產生這些新觀點的催化劑。

民族誌

　　民族誌應盡可能地涵蓋一個文化、次文化或計畫的所有領域，但必然無法完全達到。應用研究裡具民族誌特徵的報告要比民族誌更受限制，因為是在更多時間和資金的限制下進展的。

　　不管是報告或已發展成熟的研究，成功或失敗端看其真實程度有多少。讀者可能不贊同研究者的詮釋和結論，但他們應該認同這些描述的細節是真實正確的。民族誌學家的工作不只是從內在或局內人的觀點蒐集情報，也要了解來自外在或外界社會科學上的看法為何。民族誌學家對整個體系的解釋可能不同於田野中或專業會議上的其他人。然而，對事物和環境的基本描述應該要和當地人或共事者所熟悉的一樣（除了說明異常行為或發現新概念的過程）。

　　「逐字引用」相當有助於寫出一份可信的研究報告。引用可以讓讀者衡量這份作品的品質以及評定民族誌學家是否適當地運用這些資料來支持結論，並看看民族誌學家有多了解當地居民的想法，因此民族誌學家必須慎重選擇符合描述情境及事件特徵的引用。用不具代表性的談話內容或行為來支持個人觀點是一點也不科學的，而且讀者可能會發現這個資料不真實[2]。

　　使用最適當的方法表達研究所獲得的資料是很重要的，但這卻是

最常被忽略而未考慮到的一環。民族誌或跟民族誌有關的報告是最常用於呈現結果的方法。我通常會在我的報告內文中加入圖表、插圖和電腦螢幕畫面（如果可能的話）。具政策性涵義的民族誌研究特別需要精密的多媒體說明來吸引讀者。任何一種研究報告或說明都必須要以讀者最熟悉的語言表達：「學者」就用學者的方式，「官僚」就用官僚語言的方式，對多數美國人就用普通英語，對研究的對象就用他們最主要的語言。除非民族誌學家可以用讀者了解的語言表達研究成果，否則這些啟發性的研究結果將無人了解。就像做研究一定要學會說研究對象所說的語言一樣，要和不同的讀者溝通研究心得，也一定要學會說不同讀者的語言才行（Fetterman, 1987a, 1987b）。

民族誌可以利用很多種文體和格式來撰寫。典型的民族誌描述族群的歷史、所處的地理位置、親屬關係的模式、象徵的符號、政治結構、經濟體系、教育或社會化系統以及目標文化和主流文化之間的連結程度[3]。特定的民族誌可能會著重於年輕人社會化時的特定要素，或首長等重要人物所扮演的角色為何（Wolcott, 2003）。

民族誌研究的結果可以透過報紙發表、照片、記錄、演說及種種的電子媒體傳播。然而，出版成冊是最能控制品質和維持水準的，其他形式都還只是補充用的。

民族誌通常會形成長篇但非常吸引人的學術書籍。應用研究的贊助者通常比較願意閱讀長篇的民族誌報告，而不想看到突然出現的圖形或常出現在精神測定學中那種難懂的統計表。然而，如果民族誌太過冗長或寫得不好，也不會有人想讀。因此，如果這份研究想被人了解，易懂的文字和合理的長度是很重要的。我建議用一種清楚易懂、可以讓非學術界和不熟悉這種文化或研究的人感興趣及理解的寫

作方式。總括的說，有許多寫作方式可以吸引和說服讀者相信這份民
族誌研究的價值。為不同的讀者選擇適合的文體時，民族誌學家變
成了修辭學家，這樣是為了替多樣性的群眾找尋最有效的溝通方式
（Fetterman, 1987b）。

本書概要

　　本章提供了活潑的步調介紹本書將探討的知性領域，特別是還包
括了民族誌研究中基本步驟的討論，著重問題的選擇和理論的應用。
接下來將帶領讀者一步接一步地窺視民族誌的全貌，階段性的駐足欣
賞並品嚐一個又一個的觀念和技術的價值。

　　第2章將著重於民族誌中的指導概念：文化、文化的說明、整體
觀、脈絡化、主觀和客觀的論點、非主觀判斷的指導、不同文化間或
文化本身的多樣性、結構和功能，以及儀式和象徵，還有微觀和巨觀
的方法和操作主義。第3章將說明處理民族誌必備的特定資料蒐集方
法及技巧。討論的方法和技巧包括田野調查、選擇和取樣、得到允
許、參與觀察、訪談（結構式、半結構式、非正式和回顧的方式），
調查研究或歐洲大陸周遊旅行形式的問題、專一型的問題（像是結構
上和屬性上的問題）、開放式或閉鎖式的問題、訪談禮節和策略、會
見關鍵角色或資料提供者、生活史的累積及意義深長的自傳性訪談、
目錄和表格的使用、問卷調查、投射技巧及種種謹慎的評估等。

　　民族誌研究的設備將在第4章討論。其中最重要的裝備即是人
——民族誌學家本身。其他常用的工具包括筆和記事本、錄音機、個

人數位助理（PDA）、全球衛星定位系統（GPS）、導航系統、可攜式電腦和桌上型電腦包含其相關對應軟體、相機、數位攝影機、電影、數位影像等。網路工具包含網路地圖、網路電話、視訊技術、線上問卷、文件分享、數位相片分享、部落格、協作文書處理、試算表與協作網頁等。這些工具增進了民族誌的工作效能。它們被使用來蒐集、整理、儲存、分析及呈現資料。

第5章探討分析在民族誌中所擔負的任務。包括討論看似簡單的思想程序，以及比較耗時、費力的方法，像是多方驗證，思想和行為模式的文件引用及分析關鍵事件。此外，也會討論圖表、流程圖、組織架構圖、模式、內容分析及統計學。

第6章描述民族誌的撰寫。就像分析一樣，撰寫也包含在民族誌的努力過程中。特定的里程碑可以強調出寫作在民族誌學中的重要性，包括研究計畫、田野記錄、備忘錄、研究期中的報告、期末的報告、論文和書本。民族誌文體的根本要素在調查中也會浮現，像是深度描寫、逐字引用、民族誌作品的使用及民族誌成果的呈現。本章也討論跟民族誌有關的報告，以及文學扮演的角色和多樣性編輯的影響。

第7章，我們旅程的最後一站，將討論倫理道德，重點在民族誌研究中方法和道德概念的抉擇。就像分析和撰寫一樣，倫理道德和民族誌學家必經的每一步有關。研究中每個階段的問題挑選以及學術或應用定位的選擇都隱含了道德在內。最根本的道德標準，包括獲得同意（為了保護個人隱私）、誠實、信任、互惠關係及嚴謹的工作態度。民族誌研究中多數批判性的道德難題都是關於對犯罪的認知和使用不正當的手段。

　　每一章節的內容都承接著上一章節——如同在小徑上依循著前一腳步而行。本章有關問題的選擇與理論的討論，都跟隨著第2章談到的指引性概念中詳細探討。民族誌學家的下一步工作是熟悉研究工具——不論是使用的方法和技巧都要求可以完全配合民族誌的研究，且設備儀器的使用可以挖掘出更多科學研究的形式。如果先前的章節能為討論民族誌研究中的分析打下了基礎，那麼在這一階段的討論就會變得更為有意義。同樣地，第6章將討論到寫作的角色定位，因為寫作是整個過程的最後環節之一，也因為寫作在民族誌中的意義，被擴大到需要一系列的討論來說明整個「做民族誌研究」必須做些什麼。最後，之所以把倫理道德放在最後討論，是因為需要整個民族誌文本就該論題進行一個意義深遠的探討。一步一步地，這些章節提供了一條走出民族誌工作中複雜領域的路徑。新手們將可以按著章節前進，從而對民族誌有全盤理解，而有經驗的民族誌學者將發現這些章節獨立地提供了令人愉悅的參考要點。

注釋

1　這是可以辯論的，Radcliffe-Brown（1952）的功能論（functionalism）是靜力學（static）的，而Vogt（1960）和Geertz（1957）的是動力學（dynamic）的，但是這兩種形式和一般的力學理論比較的話，則都是靜態的。

2　研究者可以選擇引用反映出政治觀念學或利他意圖的引言。然而，這門課是強調重視原因，而非科學。優良且光明正大的研究和政治性擁護的界線是很狹窄的，但只要研究者一跨過它，就會危及研究的品質和尊嚴。一個好的研究者是不畏於進入政治的競技場──在完成研究之後。

3　民族誌根本上是本質的描述。民族學比較並對照文化和文化的元素。民族學把民族誌當作原始的資料。民族誌學和民族學是用來完成一個可理解的人類學研究，需要一般的文學檢閱，資料蒐集技巧的呈現、描寫、轉譯和彼此關聯的討論。民族誌是人類學中的描寫工具，可以是自成派別或成為其他更大成就的基礎。

有節奏地行走：
人類學的概念

聽到的旋律是甜美的，但那些聽不到的卻更加甜美；所以，柔美
的管樂，繼續演奏吧。

——John Keats

在這個領域民族誌學家所從事的實際工作就是民族誌。相關的教
科書像是本書；Agar（1980, 1992），Goetz和LeCompte（1984），
McCurdy、Spradley和Shandy（2004），Pelto（1970），Pelto和
Pelto（1978）的範本，Spradley（1979, 1980），Spradley和McCurdy
（1989），Werner和Schoepfle（1987a, 1987b），以及其他許多人
——與演講——都可以引導初學者進入此一領域；同時，對於經驗老
到的民族誌學家亦能充實所學。然而實地的田野調查卻得身體力行，
別無他法。一個訓練有素的民族誌學家能夠在正規的學校教育和田野
工作經驗之間取得平衡（Lareau, 1987）。民族誌學家進行研究的方
式正好說明民族誌的問題所在。

　　這個章節要介紹一些重要的觀念，也是民族誌學家的工作方針。
正如標題所言，這些觀念可建立有節奏的步調，使研究工作邁步向
前，就好像音樂能使徒步旅行的人產生有節奏、柔和的步伐而加快
旅程，同時也可紓解壓力〔有關節奏與步調的討論，參見Fletcher和
Rawlins（2002）〕。隨著經驗的累積，這些觀念能主動地指引民族
誌學家工作上的策略和行為。此章節也幫助新進的民族誌學家適應基
礎民族誌觀念和研究價值的文化。在和專門討論方法和技術的第3章
相結合之下，此討論亦能幫助建立對不同事物上正確工具的使用——
及正確的使用時間。有經驗的民族誌學家會發現和他們知識的相對應
之處。田野工作中的民俗學調查研究和交易工具的討論也可幫助精進

他們的經驗，使其技術更加純熟。

文化

　　文化是最廣泛的人類學概念。由對文化的定義，我們可看出一個唯物論者或唯心論者的想法。古典唯物論對文化的詮釋重心是放在行為上。從這個角度而言，文化是社會團體中一切可觀察現象的總稱，包括行為、習俗及生活方式（Harris, 1968, p. 16; Murphy & Margolis, 1995; O'Reilly, 2008; Ross, 1980）。而文化最著名的唯心論定義則是認知定義。根據認知論，文化包含了想法、信仰和知識，以形成特定團體的特徵（Strauss & Quinn, 1997）。這種定義也是目前最受歡迎的一種，但它卻特別將行為排除。很明顯的，民族誌學家需要了解文化行為和知識以適切的描述文化或次文化。雖然沒有一個定義是完整且充分的，但每種想法都能提供民族誌學家一個出發點和探討研究團體的未來展望。舉例來說，採取文化的認知定義會使民族誌學家趨向著重於語言資料：也就是日常交談。採用認知論的民族誌學家會詢問社會團體的成員如何定義他們的現實環境、存在的次級定義為何及所使用符號代表什麼。這種認知論研究者會創立分類學以區分層級與類別。

　　在不同時候要完整探討自然環境中人們的思考和行為方式時，唯物論和唯心論兩者的定義都相當有用。不管如何定義，文化觀念有助於民族誌學家在千頭萬緒卻又不失制式的群體行為和思想中，尋找合乎邏輯且凝聚在一起的模式。這樣的觀念在經過不同文化間的洗禮

後，隨即變得意義非凡。對學生而言進入不同文化領域時，一切都是新鮮的。當地人的態度和習慣，對陌生人來說是鮮明且相當不一樣的。因此在陌生的國度住上一段長的時間有助於田野調查者了解當地人民主要的想法、價值觀和行為，包括走路、交談、穿著、飲食、睡覺等種種事物。人在一個環境待得越久，建立和諧關係，觸角越深入，學習這個文化驚人的潛在部分的可能性就越大，其中包括人們如何祈禱、如何感受彼此，以及如何加強文化習性以維持這個系統的完整性。有趣的是，在另一個文化中居住有助於個人客觀地看待不僅是異文化中人們的行為和信仰，同時對於本身的在地文化亦復如此。然而，在離開一段時間之後，回顧的民族誌學家常覺得自己像是一個陌生人處在陌生的國度──身陷分不清什麼才是最熟悉的迷惘之中。這種經驗常被稱為「文化衝擊」（culture shock）。

人類學家探求小團體或社區的林林總總，好用以描述其豐富的內在及複雜性。在研究這些細節的過程中，他們總是會發現背後一股使系統運作的力量。這些文化元素能組合或分解一個團體的價值觀或信仰，但他們往往有共通的焦點。察覺這些抽象的元素在既有文化中所扮演的角色，能給予研究者一幅此一文化運作的清楚景象。舉例來說，每個文化皆有其專屬的血緣架構、宗教和經濟模式。這些文化元素每天在不自覺的情況中扮演著操縱的角色──就像是文法在語言裡扮演的角色。文化中不同的次團體對於他們表層的血緣架構、宗教和經濟體制上可能有相當不同的態度，但若更深一層，通常是文化元素背後的潛意識意象上，他們卻往往有共同的信仰。好比說，一對年輕的美國夫婦可能會為了結婚時，女方是否要冠夫姓而爭吵。他們會爭吵的事實顯示出婦女和任一子女在傳統上都必須冠夫姓的血緣系統。

因此，雖然兩人對將來他們個別的／共同的名字有不同的意見，他們卻都承認所謂父系承襲的血緣系統的主導性，而這也是互動上共有的焦點，亦是對傳統上共有信仰和行為的認知〔有關親屬關係和社會組織的詳細討論，見Bohannan和Middleton（1968）〕[1]。

許多人類學家認為文化詮釋是民族誌學家的主要貢獻。文化詮釋牽涉到研究者在社會團體現實觀的架構下，描述所見所聞的能力。「使眼色和眨眼」即是一個這種詮釋上貢獻的典型例子。這兩者之間的機械差異也許不是很明顯。然而，每個動作的文化背景，人與人之間每個動作所表示的關係，以及這兩者的周遭背景，皆有助於定義和區分這兩種明顯不同的行為。任何曾將眨眼誤會為暗示的人，都能深深體會文化詮釋的重要性（Fetterman, 1982a, p. 24; Geertz, 1973, p. 6; Roberts, Byram, Barro, Jordan, & Street, 2001; Wolcott, 1980, pp. 57, 59）。

對課堂觀察而言，採取適當的文化觀點是極為重要的。舉例而言，一項民族誌研究城中貧民區的教育課程中，依傳統觀點來說教室裡的兩個學生互看對方的功課可能被解讀為「作弊」。然而，對這個情境精確的描述應該是學生們正在根據學校的教學準則或是教師的指示合作完成功課（見圖2.1）。

文化詮釋奠定在仔細蒐集民族誌的資料基礎上，再加上民族誌研究方法與技巧、文化詮釋以及各種基本概念共同形塑了民族誌研究的本質——尤其是整體觀、脈絡化，以及對現實的內在觀點、外在觀點，且無主觀判斷的觀察。

圖2.1　精確描述這樣的情境是學生合作完成功課而非作弊
　　　（尤其是坐得較遠的左邊二位學生）

整體觀

　　民族誌學家研究時以整體的觀點來獲得社會團體全面且完整的圖像。他們會盡可能的描述一個文化或社會團體。這樣的描述可能包括群體的歷史、宗教、政治、經濟和環境。沒有一種研究可以包含整個文化或團體。巨觀的研究方針可以驅使田野調查者的視野超越短暫的景象或事件，這樣的景象或事件可能發生在教室、醫院的病房、城裡的街道，或是華盛頓、紐約、芝加哥等任何城市的豪華辦公室內。每個景象的背後都有多層互相牽連的背景存在著。

　　巨觀的研究方針需要花大量的田野調查時間來蒐集各種文化整體的資料。同時也需要多重的方法和假設來確定研究者已運用到所有的觀察角度。理想上，這種方針可以幫助田野調查者發現其研究社區或

計畫中不同的系統或系統的相互關係，而這通常要將重心放在資料的脈絡化上面。

脈絡化

脈絡化的資料牽涉到使用更大的視野來觀察。舉例來說，在我的CIP研究中（見第1章），發現四個輟學研究計畫的進展緩慢。學生們都在學校大樓裡閒晃，有些教師一缺席就是好幾天，使得這個研究計畫缺少他處的熱衷氣氛。單純陳述教室或學校層級的事件終究會演變成無法策動教師或學生的失敗計畫。然而，當我質問學生為什麼不去上課，他們竟然說研究計畫中沒有教室器材可使用，甚至「連紙都沒有」。於是，我開始和教師進行訪談，試圖找出癥結所在，他們說沒有足夠的資金來購置教室器材。和一個個管理階層接觸之後，我追溯到問題出於計畫的贊助者和管理單位之間的爭論。管理單位說贊助者欠錢，並告訴贊助者說除非把錢撥下來，否則他們不會動用基金。這種單位間的對立已經擴展到教室，並使計畫幾乎停擺。這種資訊提供了在描述教室時所必須擁有的一種更寬廣的角度。

這項研究中的另一個例子是，決策者曾因為參與計畫的人數過少（大約只有60%到70%的人）而考慮終止輟學研究計畫。我提醒他們60%到70%的數目所要比較的基準是出席率0──這些經常性忽略學校的學生，而這有助於決策者做出關於此一計畫更通達的決定。在這個例子上，脈絡化確保了這個研究計畫可以繼續為先前的輟學生提供服務（Fetterman, 1987a）。

在相同的研究中，很重要的是要描述一下學校所在貧民區環境——一個貧窮、皮條客、賣淫、縱火犯、強姦、兇殺案非常普遍的區域（見**圖2.2**）。這幫助決策者了解到社區中有某些元素的力量，會分散學生參加研究計畫。這樣的描述同時也提供一些洞察學校能夠吸引和留住學生的有利點。脈絡化協助提供一個能更加精準說出學校困境的描述，並且協助避免一個常見的謬誤——責怪受害者（Fetterman, 1981b）。

內在觀點及多重現實

內在觀點，也就是內部的人或當地人的現實觀，是大多數民族誌研究的重心。內部的人的現實觀有助於了解和準確地描述狀況和行為。當地人的觀點也許不符合「客觀」的真實性，但卻能幫助田野

圖2.2　紐約城中貧民區

調查者了解社會成員從事工作的原因。民族誌採取現象主導的研究方式，而這和以簡單、線性、邏輯的觀點運作的方式相反。

內在觀點有多種現實上認知和接受的強迫性。既有研究中多重現實的文獻證明了解人們用不同方式思考和行動是必要的。不同的現實認知是了解個人宗教、經濟或政治地位的有利線索，同時也有助於研究者了解適應不良的行為部分。舉例而言，在一份民間醫療團體的研究中，採取內在觀點和承認多重現實使我發現為何社區內有那麼多人死亡。我發現團體的成員常依賴當地的醫療者（或curanderos），用草藥、祈禱、獎章、蠟燭、雕像、香料、肥皂、噴霧劑和金錢來從事治療。七大非洲力量是一種最受歡迎的占星術。非洲力量的七聖人是chango、orula、ogum、elegua、obatala、yemalla和ochun。每一個都代表一種特殊力量，同時也有專屬的代表性護身符、草藥、香料和精油〔有關宗教教育素材的例子，見Claremont（1938）；Gamache（1942）〕。

民俗醫療者（folk medicators）對於疾病和其治療有自成一格的解釋，但那卻和傳統西方醫學的理念背道而馳。而這個團體的成員也去看西醫，這在社會化和同化過程中是關鍵所在，同時也是其信心的一大表現。其中有些人是因為相信民俗療法不像以往那麼有效，而有些人則是被他們的子女或朋友說服才去看醫生。然而後者卻認為民俗療法有效，而西方醫學是無效的。他們之所以會去看醫生是為了避免和子女起爭執，或是尊重朋友的意見；他們假定現代醫學是毫無用處的，而且也許對他們來說不會成傷害。然而，他們總覺得跟西醫說自己接受民俗療法的治療是一件難以啟齒的事情，而很多醫生也不想聽到這樣的事，或者，他們根本不屑一顧。就因為這些人處在兩種對立

的醫療傳統中，這些社會團體的成員乾脆就同時接受民俗療法和醫生的處方來解決矛盾。其結果從作用兩相抵消到致人於死都有。這兩種醫療傳統重疊使用的話有時候足以致死。民俗醫療者會採用強效的草藥，包括指頂花，其成分內含有毛地黃（digitalis，一種強心劑）。病人如果同時也使用含有毛地黃的處方的話，往往造成強心劑過量而致死。

　　這個研究是要使民俗醫療者和醫生相互知曉彼此的次文化而降低死亡率。同時研究也展示了採納內在觀點和承認多重現實的重要性。然而，在這個研究中，不同的現況（民俗醫療者和醫生）是對立的，需要外在或旁觀者的看法來產生此一醫療和文化現象的完整意象。

外在觀點

　　外在觀點是外人的、社會科學的現實觀點。有些民族誌學家只對內在觀點的敘述有興趣，不用外在或科學的觀點來處理他們的資料。他們總是站在民族誌範圍內理想和現象的觀點；也有其他民族誌學家在分析時比較喜歡先採用外在觀點處理資料，然後再考慮內在觀點，這樣的人則是站在唯物論和實證哲學的觀點。關於人類的行為到底主要是由想法（唯心論，主要由內在觀點所主導）或是由環境（唯物論，通常由外在觀點出發）所引起的，這項衝突曾一度使整個領域焦頭爛額。而今天，大部分的民族誌學家只把內在或外在方向當作一種形式的連續記號，或是不同層級的分析方式。大部分的民族誌學家開始蒐集資料時會採用內在觀點，不管從當地人的眼光或他們自己的科

學分析上，也試圖使蒐集的資料有意義。正如透過田野調查時需要洞察力和敏感的文化詮釋，再加上精確的資料蒐集技術，所以一個好的民族誌學家需要同時具備內在和外在兩種觀點。

　　城中貧民區一棟坐落在輟學生特教學校對面的建築，對解釋為何結合內在觀點與外在觀點的重要性提供了一個絕佳的例子（見圖2.3）。從外在觀點出發，看起來這裡像是曾經發生過一場火災，可能是電線走火造成的。但與這裡的學生談過後，一個特殊的內在觀點便浮現了。這是一場蓄意縱火詐領保險金的案子。地主先提高了這個

圖2.3　城中貧民區燒燬的房子

建築物的保險額度,再找了一些學生「縱火」燒燬了房子。與當地消防單位談過後(另外一個可考慮的傳統相關機構的內在觀點)確認了當地學生的內在觀點,並對這所特教學校引起學生關注的「競爭力」——一個另類活動與收益的來源——提供了新的洞察觀點。基於以上這些內在觀點,一個外在觀點便浮現,並對這棟建築物曾經發生的事,甚而其周遭的社會環境型態提供更為精確的描述與刻劃(Wolcott, 2008a)。

我總以內在觀點去了解情況和族群來執行工作。若要使引導、記錄和觀念的表達有令人滿意的結果,通常需要數小時、數天、數月,甚至數年。雖然很花時間,這樣的方式卻能確保我蒐集的資料具有效性和實用性,同時到我稍微退後,用內在觀點和外在觀點釐清情況之前,工作也都還沒有結束。第3章將討論許多用來蒐集和詮釋資料的方法,而第5章將討論從內在和外在觀點來分析大量資料。

無主觀判斷的方向

有些民族誌的觀念促使研究者朝新的方向去探索,有些是確保資料有效,有些則防止資料的謬誤。無主觀判斷的方向能使民族誌學家三者兼顧。最重要的是,這觀念讓民族誌學家避免對所觀察的事物做出不適當和不必要的價值評斷。

無主觀判斷的方向需要民族誌學家保留有關既有文化行為的個人價值批判。保留無主觀判斷的方向就如同一個人看電影或一本書時抱持懷疑的態度是一樣的——唯有讀者接受不合邏輯或令人難以置信的

情境，作者才能任意揮灑出動人的故事。

　　我有一個親身經歷恰好可以作為指引這個觀念的例子。這故事是有關於我和一個阿拉伯貝都因人在西奈沙漠所發生的事情。和這個貝都因人相處時，我試著盡量不讓西方的衛生習慣和一夫一妻制的觀念差異表現在我的舉動和文章上。我用「試著」這個字眼，因為我對一個剛認識的人，一個有結實臉龐和雙腳的貝都因人來說，反應不太平常。我大吃一驚。我讚賞他能在沙漠中從一個水井跋涉到另一個水井，在惡劣環境下的生存和適應的能力。然而，我對他衣服的氣味（尤其是騎過駱駝之後）的個人反應卻對他相當不公平。他借給我他的外套使我免於酷暑熱，我感謝他，因為我讚賞這樣的舉動，而且我並不願冒犯他。但是儘管如此，在那天所剩的旅程中，在沙漠的乾熱下我仍覺得自己聞起來像駱駝。我在想我並不需要外套，因為距離我們的目的地——聖凱薩琳修道院——只剩一到兩公里，但這短暫的旅程卻變得毫無止境，途中要經過岩石山路和乾涸的河床，或峽谷。我發現如果沒有他的外套，我早就中暑了。這沙漠乾燥得就連汗水也會立刻蒸發，而且一旦溫度上升到超過華氏一百三十度時，一個沒有經驗的旅行者可能不會察覺到這一點。藉由減緩蒸發的速度，這件外套使我得以保留水分。如果我拒絕接受他的外套，或是由於他的衛生習慣的緣故，我一定會被烤焦，而且也永遠不會有機會知道他們是怎麼利用沙漠中最珍貴的資源——水——來解決生活問題。我們迂迴的路線其實是循著一個個暗藏的水源地而行，並不是順著到修道院的直線距離而走。

　　關於這點，說穿了，只是民族誌學家在探討另一個文化時必須摒除對陌生行為的價值評判，但又不能完全中立。我們都是所屬文化的

產物。我們有個人的信仰、偏見和喜好。社會化已深植人心。然而，民族誌學家卻能藉由詳述和嘗試公平地看待另一個文化來消除許多明顯的偏見。而具民族優越感的行為——以一種文化價值及標準置於另一種文化之上——則是民族誌中一項致命的錯誤。

文化間和文化內的多樣性

民族誌的危險性在於可以產生一個族群、次文化或文化的刻板印象。民族誌學家必須縮小所觀察的世界，並將其具體化。儘管大部分的民族誌是那樣的冗長和鉅細靡遺，他們基本上只代表了民族誌學家所見所聞的一部分。然而，一個觀念的通盤、連貫、兼具內在和外在及毫無成見的超然，則須仰賴民族誌學家篩選所有的知識、見聞、訪談、理論和田野調查的所得，才能呈現一個文化的本質。

這些觀念同時具有限制性和開放性。他們能使一個人認知的天賦發揮到極限，讓民族誌學家用新的角度看待熟悉的事件，以及會注意一些行為和例行事務不為人所察覺之處。同時，這些壓力會影響民族誌學家的每一個動作，就好比天氣和岩石的外形輪廓等自然因素會影響攀岩者的行動。攀岩者必須全神貫注，尋找下手或落腳的最佳之處，以及攀岩最有利的位置。險落、陣風和岩石的輪廓會引導和限制攀岩者攻頂。同樣的，田野調查者必須謹守和遵循在田野工作中所透露的一言一行。這些觀念形成資料的蒐集和分析，也防止研究者在追求巨觀時迷失在旁枝末節之中，或遺漏潛在的不同性。

文化間和文化內的多樣性觀念在此特別有用。文化間的多樣性

（intercultural diversity）指的是兩個文化間的差異，而文化內的多樣性（intracultural diversity）是指一個文化內次文化間的差異。文化間的多樣性相信是顯而易見的。用逐一探討偏差的方式來比較兩個不同文化的描述——比較他們的政治、宗教、經濟、血緣和生態系統及其他方面。然而，文化內的差異卻較易為人所忽略。我早年研究時描述一個城裡的學校（十年前我在那兒教過書，也做過研究），就忽略了鄰近地區的多元性。社區內的朋友憶起了一幅景象，同時他們的意見使我了解我的描述是過分單純。我描寫了殘破的建築、街上的酒鬼和毒癮者、像工廠一樣的學校和罪犯，但是我忘了記述想要恢復城裡生氣的少數有聲音的一群人：有些房子上了新的油漆、一個新成立的父母親聯盟試圖處理青少年犯罪、一個社區俱樂部也在成立中，沒有一個族群是全然單一組成的。在我一心一意連結整個大環境，並使其觀念化的同時，卻疏忽了要去注意和考量其中的差異，也就是文化內的多樣性。所以我所謂的大環境圖像並不是一個完整的圖像。而經過修正之後，我們的報導更加均衡，也使得這個大環境圖像更加可靠，也更接近所謂完整的圖像。

這些觀念可以檢驗我們的觀察角度，幫助田野調查者在此領域所觀察的事件中，找出會推翻此領域中有關觀察事件的一些既定理論或假設。在某些個案中，這些差異是社區內有系統的活動，促使田野調查者重新調整研究重心，放棄過時和不適宜的理論、模型、假設和考慮，對於已經釐清的疑雲，也要再修正角度。在其他個案中，這些差異反而比較特殊，但在強化其他主體部分時卻很管用，不過這是個例外，目的在證明理論。然而，在大部分的情況裡，這樣的差異在未有受到充分考量的社區中，具有指引層次或範圍的作用。

　　城市內的住宅提供了一個同一文化內多樣性的範例。我們所研究
的大多數市內的住宅是年久失修的，許多牆上有著當地幫派的塗鴉，
甚至整個街區只剩瓦礫堆（見**圖2.3**），這是這個街區住宅品質的基
準。然而，這裡也有住戶嘗試增進他們的住宅品質，並且以實際行動
重新粉刷並維修他們的房舍（見**圖2.4**）。儘管這些住戶是這個街區
裡極少數的特殊族群，然而他們傳達了這個社群裡希望的象徵性訊
息。這是一個同一文化內多樣性的範例〔對文化內多樣性質性研究的
更多描述，見Marcus（1998），頁65〕。

結構和功能

　　結構和功能是研究社會組織的傳統觀念。這裡所謂的結構
（structure），指的是社會結構或群體的型態，例如血緣或政治結

圖2.4　社區中文化多樣性的範例

構。功能（function）則是指群體內成員的社會關係。大部分的族群具有可供認知的內部結構和協助管理行為的一套既定的社會關係。舉例來說，一個公司基本上會有正式的組織架構圖（organizational chart，用來描述公司的階級結構和各種部門）。一個公司的組織架構圖呈現出理想的公司意象，而對於研究公司文化的民族誌學家來說，這是相當有用的出發點。圖表本身在於敘述組織的自然現象，然而，民族誌學家的工作需要對非正式的脈絡化和主宰公司的影響力有更深入的審視。民族誌學家必須記述組織的基本結構以了解其內部作業。這過程很像發覺和釐清一個語言的表層和深層意義。民族誌學家也要描述一個組織和另一組織在功能上的關係，以解釋社會文化系統的運作方式。

和公司不同的是，大部分的文化和次文化幾乎沒有清楚的組織架構圖來說明他們的結構，以及功能上和相互之間的關係。即使如此，就連城裡的幫派也有足供觀察之處：在發表幫派內和幫派間的火拼，以及各種經濟往來的報告之後，都市民族誌學家知道了幫派頭目、幫派成員表示忠誠的方式，以及其他功能上的關係。負責竊取財務和保管贓物的幫派分子，他們之間的關係對於幫派的經濟命脈有至深的影響。同樣的，由於同仇敵愾而產生的忠誠，對於交易上的衝突亦是顯而易見的〔見Evans-Pritchard（1940），詳細討論了片段的連結；以及Keiser（1969）關於城內幫派的討論〕。

民族誌學家運用結構和功能這樣的觀念作為審視的依據。他們從研究團體中擷取資訊，建立如骨架般的結構，然後再編織出社會功能，這就好比覆蓋在骨架外的肌肉、血管和神經。對於系統基本結構的充分認知能使民族誌學家建立起民族誌描述架構的基礎[2]。

象徵和儀式

民族誌學者尋找能幫助他們了解和描述文化的象徵。象徵是激起強烈情緒和思維的一種扼要的表達方式。十字型或燭台表示宗教，而「卐」字型則表示行動，不論是原來的納粹行動或是新納粹行動，旗子則代表國家，用來激發愛國熱忱和效忠。

然而象徵不只局限於國家、大規模的組織和行動：它們是日常生活的一部分。例如學校會選擇吉祥物來代表學校的精神，社會或學術團體會配戴胸針以供識別。象徵可能標註了一個社群內歷史的影響與作用。舉例而言，建築上被塗鴉或碎玻璃污損的猶太星，或稱大衛之星（與猶太文字一同銘刻於石上），代表了此地可能有正統猶太教社群居住（見**圖2.5**）。這類過去的象徵性符號提供了這個社群中，對現今年輕非裔美國人與年長正統猶太人之間緊張關係根源的深入洞察（Abramovitch & Galvin, 2002, p. 252）。象徵能讓民族誌學家審視文化，同時也是深入探討文化信仰和行為的工具。而象徵往往是儀式的一部分。

儀式是不斷重複的象徵性行為，在宗教和非宗教生活方面都占有一席之地。在CIP學校裡，管理人員、老師和學生每個月都會有一天穿上特別的T恤。T恤代表這個計畫合作、努力、友誼、成就和教育機會的價值觀。同樣地，輟學T恤也是一種象徵，每個月也會選一個特別的日子穿上。這天是計畫中的儀式，學生們可以領到特別的獎賞以強化他們特定的正面行為——例如最佳或是進步最多的出席率。在計畫中，每一個人（包括校長）在儀式中都會穿上這件象徵性的T

圖2.5　城中貧民區標有符號的猶太小學

恤。這個儀式的用意在於強化團體的向心力或家庭的溫情，同時也獎
勵德行〔另一個例子，見Burnett（1976）〕。

　　在公司行號和機構也有儀式存在。我在研究一個大學醫院的期
間，發現有一位主管每個月都會仔細檢查預算和開銷。她核對每個項
目，看看是否都有收據。這就是一種儀式性的行為。然而，在這個例
子中，所謂的儀式卻毫無價值且不具任何意義。在很多情況下，收費
不完全是合理的。這樣的慣例給了她和院方一個錯誤的安全感，使他
們以為儘管醫院急速擴充和漸趨複雜，他們依然有義務看緊醫院的財

政收支（Fetterman, 1986g）。

　　民族誌學家把象徵和儀式視為一種文化速記的方式。象徵有助於初步的了解和重要文化知識的具體化。藉由提供行為分類的架構，這兩者也使民族誌學家的觀察更具意義（Dolgin, Kemnitzer & Schneeder, 1977; Swatos, 1998, p. 505）。

微觀和巨觀研究

　　這些觀念在民族誌工作的應用上並不是沒有用。民族誌學家根據研究範圍來擬訂方針，而這些界限是從研究本身發展而來。此外，一些基本參數在研究初期便可以建立起來。

　　民族誌學家的理論傾向和問題的選擇將決定研究採取微觀或是巨觀的方式。微觀研究適用貼近的角度，就像用顯微鏡一樣，觀察一個小型的社會單位或社會單位內可辨識的活動。基本上，種族方法學家或符號互動論學家會進行微觀分析（Denzin, 2001; Hinkel, 2005）。舉例來說，Erickson（1976）的警衛研究就牽涉到回顧訪談的錄影帶記錄來對顧問給客戶的潛在訊息進行研究。

　　人類學裡的人際距離學（proxemics）和動作學（kinesics）也涉及微觀研究。人際距離學是研究社會裡人與人之間的身體距離會因為社會環境的不同而改變（Barfield, 1997; Birdwhistell, 1970）。好比說，有一個離你三吋不到的陌生人對你大聲的出言不遜，這樣的行為已明顯侵犯到美式認為的適當距離，除非這樣的事件發生在曲棍球比賽中或重金屬搖滾演唱會上（Hall, 1974）。動作學則是研究肢體

語言（Birdwhistell, 1970; Psathas, 1994, p. 5）。一個機車騎士對把他擠到路旁的汽車駕駛人「比中指」是傳達一種清楚的社會訊息——以及參與一種文化溝通，或者是更特別的——肢體語言（Birdwhistell, 1970）。

在CIP研究中，我做了一份教室行為的微觀分析。我做了一系列老師和學生短暫相遇的圖片。每十分鐘，我就在三十秒之內拍十張照片。在許多生動的文化景象之中，有一幅是老師要求學生完成前一天晚上的任務，而其他學生則繼續埋首於他們的計畫。這個學生不想工作，也不想去見老師。老師知道學生沒有把工作做完，也知道這個月的其他工作也沒有完成。照片記載學生不情願的打著精神和老師窮耗。在一陣長噓短嘆之後，這個學生終於從他的位子上站起來走到老師的辦公桌那邊，而這位疲倦並對學生感到極度不耐煩的老師臉上的表情卻由無奈變為充滿熱忱。從照片上可看出兩者的談話變成一陣短暫的口舌之爭，然後再平息下來，結局是他們各自回到自己的角落，直到下一回合。這幅特別的景象隨即在一分鐘之內收場。文獻記載的微觀層級本身即可構成研究，或者，在這個例子中，對研究的某一部分加以特寫。

Shultz和Florio（1979）為整個教室的研究提供了一個很好的例子。他們記載了老師如何規劃教室活動，並且在兩年之內蒐集了七十小時的教室活動錄影帶。而研究第二年也加入了教室觀察，以作為替錄影帶的詮釋提供資訊。在Wolcott（2003）的〈校長辦公室裡的人〉（The Man in the Principal's Office）一文中，則將重心放在學校系統內的單一工作（沒有用到錄影帶），並且呈現了相當不錯的微觀民族誌學研究（Basham & DeGroot, 1977, p. 428; Wolcott, 1982, p.

90）。

　　巨觀研究則把焦點擺在大圖像上。在人類學裡，所謂的大圖像可以從單一學校到整個世界系統。典型的民族誌會把焦點放在一個社區或特定的社會文化系統上。Spindler及其系列——文化人類學的個案研究——提供了當代民族誌研究的一些最佳典範，其中包括了Yanolmamo（Chagnon, 1997）、Dinka（Deng, 1972）、Amish（Hostetler & Huntington, 1971）、Hutterites（Hostetler & Huntington, 2002）、Tiwi （澳洲原住民）（Hart & Pilling, 1979）、Navajo（Downs, 1972）、Blackfeet（McFee, 1972）、Krsna（Daner, 1976），甚至是退休團體（Jacobs, 1974）。在此系列中，一些最好的教育民族誌還包括了印地安人小孩學校的研究（King, 1967）和一所小學的研究（Rosenfeld, 1971）。每個研究都試圖描述整個文化團體，包括生活方式、社會和文化系統。很明顯的，不論研究者採用微觀或巨觀方式，都可將研究發現和下一個更大的影響系統連結在一起〔見Ogbu（1978）於多層民族誌的成功典範〕。然而，要連結一個鉅細靡遺的微觀研究和一個美洲陣線的廣泛研究是很困難的。事實上，要普及所有的巨觀研究不是一件容易的事。民族誌的課業，不管是巨觀或是微觀，都涉及詳細的描述。決定採用巨觀或是微觀的研究方式其實是民族誌學家天分或特質的一部分。有些民族誌學家擅長事件細微的逐步分析，有些則對大範圍可見的相互關係有興趣，同時它潛在的普及性也較大。微觀研究所花的時間和巨觀研究是一樣的；然而，在巨觀研究者研究十個社交場合裡的二十個不同的人的同時，微觀民族誌學家花相同的時間，卻只要鎖定社會事件的一個面向。採用巨觀或是微觀的研究層級端賴研究者想要知道什麼、研究的理論是什

麼，以及研究者如何定義他的研究問題。

操作主義

田野調查上更值得注意的觀念是操作主義。一旦討論操作主義，就會發現在民族誌內，操作主義不僅是一種趨勢，而且有其存在的必要性。操作主義（operationalism），簡單的說，就是指定義測量的方法和詞彙（Anderson, 1996, p. 19）。在簡單的描述性說明中，好比說「一些人這樣說，又有一些人那樣說」並沒有多大的問題。然而，要在事實和理論之間建立顯著的關係，或是詮釋「事實」，就需要更明確。舉例來說，「太多學生擠在同一班，容易助長敵意」的說法也許是相當精確的觀察。但問題是：是什麼構成敵意？增加的敵意如何測量？一個班要有多少學生才叫太多？比較簡單的說法，譬如一個句子用「他們之中有些人相信」當開場白似乎顯得太平庸。而且更明確的說法——引述明確的來源及他們「相信」的天性來表達並不困難，此外還能傳達更多的資訊和更大的可信度及有效性。操作主義考驗我們、促使我們對自己誠實。田野調查者並不是要把結論做得令人印象深刻，而是應該盡量定量或是確認民族誌看法的來源。明確告知如何由一項導致其結論能使其他研究者有更具體的方向得以接手，或是有得以證明或反證的事物。試圖將一切事物操作化是不可能的，這樣根本沒有辦法進行民族誌的工作。但如果能增強記錄和報告的準確度則會大有收穫。

民族誌有許多觀念都可以幫助我們解釋民族誌，以及給予民族誌

學家研究時正確的方向。這個章節討論了一些專業上最重要的觀念，我們從文化、整體的方針以及脈絡化等世界性的大觀念開始著手，然後逐漸轉移到比較狹隘的觀念，像是文化間和文化內的多樣性、結構和功能、象徵和儀式，以及操作主義。下一個章節要專門為這些觀念的民族誌方法和技術做細部探討，同時使研究者實踐民族誌。

注釋

[1] 人類學家通常專注於這種文化的層次，和社會學家相對照的是，社會學家通常專注於社會。在做田野調查時，人類學家和社會學家都需要所研究團體的詳細資料，來引出他們的發現和洞察。然而，透過他們的眼睛見到的資料卻是不同的。民族誌學家由於人類學的傳統，因此依賴文化概念來引導研究方向。要注意的是，今天很多的社會學家有文化的關注，很多的人類學家也專注於社會的問題。各種訓練下的研究傳統造成研究者各個不同的行為和想法。再者，文化概念不管為社會學家或人類學家所利用的都是很有用的，但不知是好是壞，民族誌學家還是會帶一部分的文化包袱到田野調查之中。

[2] 使用誘導的方式，民族誌學家描述文化中每一部分的功能以更加了解整個文化是如何運作的。結構和功能的概念是有用的啟發式工具，用來了解並推敲文化的基本元素。

荒野指引：
方法和技巧

對一個未受過自然歷史訓練的人來說，當他在鄉野或是海邊漫步時，就像是走過充滿美妙藝術作品的畫廊，但是十分之九的作品都面向著牆。

——Thomas Huxley

民族誌學家是一種人類的工具。將一個研究的問題、一個社會互動或行為的理論，和各種概念上的指導方針掛記在心上，民族誌學家跨進文化或社會的處境去探索這樣的地帶，並蒐集和分析資料。依靠所有的感覺、想法和情緒，而這人類的工具是最敏感且知性的資料蒐集工具。當然這工具蒐集的資料可能是主觀或誤解的。田野調查也許會失去方向而迷失在不熟悉的行為及情況之中。民族誌學的方法和技巧幫助指引民族誌學家透過個人觀察的荒野，正確地辨別並分類形成社會處境的各式各樣令人迷惑的事件和行動。民族誌學家從田野調查開始走過社會及文化的荒野。

田野調查

田野調查，是社會學家及人類學家研究工作的特色。這方法對這兩種研究者是同等必要的——在自然的背景環境之下，長時間和人們一起工作。民族誌學家在原來的環境中引導研究，在所有真實世界的誘因和壓迫下，觀察人們與他們的行為。這種最接近自然的取向避免了典型實驗室控制底下的人為反應。理解這個世界，或是這世界的一小部分，需要研究所有關於它的美妙和複雜性。這項艱難的工作在很

多方面來說都是比實驗室研究來得困難許多，但是也是更加的有益處
（Atkinson, 2002; McCall, 2006; O'Reilly, 2005; Spinler, 1983）。

　　田野調查的優點之一在於對資料數據提供常識性的觀點。舉例而
言，我有一份來自南部鄉間學校的資料，指出該處有著極低的學術表
現，但學生出席率高。這和我對城市地區學校研究的直觀經驗剛好相
反。在以往的經驗中，通常成績差的學生常常翹課或者遲到。然而
當我實際走一趟到這間學校，看著學校附近的棉花、玉米以及大豆田
時，這一切逐漸變的豁然開朗，並使我相信這數據是合理的（見**圖
3.1**）。因為，除了去上學以外，這裡並沒有其他事情可以做，去學
校成了當地唯一的社交活動，就像一位當地學生說的：「這（上學）
總比一個人坐在田裡面好得多了。」

　　田野調查者使用各種方法和技巧來確定資料的完整性。這些方法
和技巧造成研究者的認知主觀化和標準化。當然，民族誌學家必須將
以下討論的方法和技巧適用於當地的環境。資料來源的壓力和截止日

圖3.1　阿肯色三角洲的玉米田

期或許會限制資料蒐集的時間探勘、交叉檢查（cross-checking）和資料記錄。

選擇和取樣

　　研究的問題是如何選擇研究的地方、一群人，或是將一個方案具體化。舉例來說，找尋教育機制（就像是老師的前途）和學校成功或失敗之間關係的相關資料，如果和教育委員會會議相比較的話，是較可能從教室裡得知，雖然前者的背景也是相關的。研究問題的理想調查位置，不會總是那麼容易可以接近的。在這樣的情況下，研究者一開始就要接受並記錄研究的限制。理想上調查的焦點可以轉到和研究的位置相契合；但如果契合或者是問題本身都不可靠的話，那研究者可能就要放棄原先的研究，並發展新的研究問題。在合約之下從事的研究，修正合約也有所必要。這樣的過程或許會危及研究基金的獲得，但在一些情況下，這是最誠實的方法了。

　　下一步就是要決定如何在目標族群中取樣。有兩個方法來決定：第一，選擇什麼樣的人和事情是不納入研究的。這種排除的過程就像是一流大學和學院的入學許可程序。我們不是要決定我們應該要接受誰，而是要決定我們一定要拒絕誰——如果所有人都符合資格的話。一些不易處理的資料提供者和有用的資料都顯現出有研究的價值，研究者必須要過濾掉對研究工作沒有幫助的資料來源。第二，選擇要研究什麼樣的人和事情——也就是說，這個來源要對已知族群生活的了解是最有幫助的。

　　大多數的民族誌學家使用大型網路方式（the big-net approach）進行參與觀察（participant observation）──在最初的時候，盡可能與每個人交往混熟。在研究進行的過程中，將焦點縮小至研究族群的特定部分。大型網路方式在特定互動的細微研究開始之前，能確保一個事件的廣角視野。這寬宏的局面能琢磨民族誌學家的焦點並幫助田野調查者理解細微的細節，讓他們能用影片與筆記的方式記錄下來好做更深入的分析。

　　民族誌學家通常使用非正式的策略開始田野調查，像是看準任何可以踏進別人家門的機會。最常用的方法是判斷取樣（judgmental sampling）──也就是以研究問題為基礎，民族誌學家依靠他們的判斷來選擇這次文化群或單位中最適合的成員。這樣的方法是自然而不做作的，需要民族誌學家針對人們的生活問些簡單直接的問題。自然的機會、便利和運氣在這樣的過程中也扮演了重要的角色，如果民族誌學家夠機智而懂得利用它們的話。有些有經驗的民族誌學家用一種認真精確的隨機變化策略來開始田野調查──特別是當他們已經對這個要研究的文化或單位有相當程度的了解時。

　　然而，使用高度隨機建構成的設計，而沒有先對要研究的人們有基本的了解，可能會造成研究者以未成熟的態度縮小焦點，因此除去了可能和這個研究非常有關的某些人和主題〔參見Henry（2009）、Weisner等人（2001）關於抽樣的額外討論〕。這樣方向錯誤的研究可能信度很高，但效度極低，破壞了整個研究。首先民族誌學家要對已知的研究工作問適切的問題，學會問適切問題的方法是在文獻研究和提案構想之外走進人群觀察人們每天在做什麼。Goetz和LeCompte（1984, pp. 63-84）提供了對於民族誌學研究有效取樣和選擇的討

論，專注在標準規範為基礎的（criterion-based）與機率的取樣。

入門守則

　　成員的引薦是民族誌學家進入一個團體的最佳入場券。冷冷地走入一個團體，在民族誌學的研究上會引發寒蟬效應。團體成員可能對個人的民族誌學或研究一點也不感興趣，一個中間人或媒介者可以打開一扇門或把外人鎖在外面。這引發者（facilitator）可能是主管、首長、指導者、老師、流浪漢或幫派分子，他們應該對這個團體都有某種信用度──是成員之一或是公認的朋友或是關係人。這個中間人與團體的關係越密切越好。剛剛開始研究工作的時候，團體對中間人的信任會接近並延伸到民族誌學家身上。如果他們能被適當的人所引薦的話，民族誌學家就會受益於光環效應（halo effect）：不先檢驗，團體成員就給予研究者疑慮的好處。當民族誌學家顯示出他值得團體的信任時，民族誌學家就比較有可能把工作做好。有力的引薦加強了田野調查者在團體中的工作能力，因此也提高了資料的品質。

　　不幸的是，田野調查者總是沒有辦法找到最適合的人來為他引薦，而必須利用身邊任何可以利用的資源。在這種情形下，研究者必須要考慮在沒有援助的情況下進入一個團體──就這樣走進一家鄰近的商店、參加教堂的集會、到學校當義工，或是在社區中扮演任何其他沒有威脅性的角色。然而很多例子顯示，如果沒有某些程度上的保護，想抄捷徑是完全不可能的。現在，田野調查者必須接受惡魔的交易（devil's bargain）──粗糙的引薦，有著它所有可能的限制，是唯

一接近團體的方法。這樣的狀況迫使民族誌學家一開始就處於不利的情況中，使得他們過分去證明他們是值得這團體信任和尊重的。這樣的狀態會讓民族誌學家在內心和中間人淪為客套的距離，但表現仍舊體面並對第一次接觸而欠下的人情表示感激。

選擇主要而有影響力的團體成員是很有用的，但是建立田野工作的獨立性也是很重要的，才能夠防止過早與其他相關的聯繫線切斷的情形。舉例來說，在一個圖書館的研究中，與有力的中間人（broker）有密切的關係對於接近這個組織很有益處，但對資料蒐集方面來說，也是近乎致命的因素。我與中間人的關係製造了一個跡象顯示，我是間諜或是又一個與他們不同邊而有力的中間人。在嘗試去了解圖書館中部屬和單位如何運作的過程中，我發現自己是一個不受歡迎的人。我要付出更大的努力證明我是公平或至少是不做評斷的目擊者，並要去除我靠關係而來的罪惡感。

在團體裡，特定的方法和技巧將帶領民族誌學家進行資料的蒐集和分析。接下來的章節將會依序討論這些技巧。

參與觀察

參與觀察是大多數民族誌學家研究的特徵，但對實際的田野調查工作來說是很困難的。參與觀察不但要參與被研究人群的生活，還要保持專業的距離，以便適當的觀察和記錄資料。Powdermaker的《陌生人與朋友》（*Stranger and Friend*, 1966）生動地敘述了這角色的微妙關係。

　　參與觀察是進入一種文化的洗禮。理想上民族誌學家會在團體裡生活和工作六個月到一年，或者更久，隨著時間過去學習語言並觀察他們的行為模式。久居於此的居民幫助研究者將被研究者的基本信念、恐懼、希望和期待融為己有。簡單的、慣例式的行為，像是到市場去或是到井邊取水，顯示了人們如何使用他們的時間和空間，他們如何決定什麼是珍貴的、令人恐懼的和什麼是褻瀆的。這樣的過程可能看起來是沒有系統的；剛開始的時候，這好像是有點不能控制的或是只能偶爾發生的情況，然而即使是田野調查工作的初期，民族誌學家會找出任何出現在注意力範圍內的經驗和事件。參與觀察為更為高明的技巧做好準備——包括反映主觀的技巧和問卷調查——在田野調查者越來越了解這文化時，參與觀察本身就變成更為精練的技巧。在進入團體時只是模糊的概念和行為，可表現出一種更清晰的焦點。藉由提供意義的基準，和再進入田野發掘這些意料之外結果的方法，參與觀察可以幫助我們進一步釐清運用精緻工具所得來的結果（DeWalt & DeWalt, 2002）。

　　我住在以色列的時候，觀察到很多不斷發生甚至無止境重複的行為模式。乘客們把公車上出現的炸彈視為理所當然；士兵將他們曾經隨身的烏茲衝鋒槍變成木製品的一部分。集體農場中種植與收成的循環週期是用血汗、緊繃的肌肉和疼痛的關節所註記的——當然也是有季節性的假期和慶典。

　　每天都有固定的模式。在我這一群的集體農場成員中，還有一些學生和自願者在早上四點鐘醒來，走到餐廳吃一點東西，然後大概四點半或五點就在農場裡開始工作。每天早上（除了星期六的安息日），我們把自己包在農場的陸軍夾克裡以避開清晨的寒氣，走到農

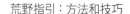

場去。工作大概半小時後就把夾克脫掉，此時太陽開始溫熱新鮮的清晨空氣。我們都為八點或九點可以吃到的早餐建立良好的胃口，但是早餐時間稍縱即逝，總是還沒休息夠就要回去工作。摘桃子的時候，熱氣和令人發癢的桃子絨毛要把我們逼瘋了。吃午餐和淋浴真是得來的福氣。午餐後的休息時間可以閱讀、社交，或探視在托兒所中的小孩，是一天中可以品味的喜悅。幸運的話，其他的艱難工作可以排除早晨工作的無聊——雖然用這樣分散注意力還是意味著要花費相當的體力勞動。當晚餐時間終於來臨，我們成群結隊的走回餐廳吃著一成不變的晚餐：星期天吃魚，星期五吃雞，有時吃雞和魚的混合。在集體農場，甚至養育小孩都是一種週期活動。懷孕的母親都是一起長大一起工作並幾乎同時有小孩，接著就在育兒中心附近聚集，一起推著娃娃車。

　　在耶路撒冷的舊城市裡，上演著另一種慣例儀式——靠近哭牆，就在阿拉伯人的商店附近。哈西德猶太人（Lubavitch rebbes），蓄著長髮（payahs），戴著寬的黑毛帽（fadorahs），穿著長版黑色外套並崇敬著哭牆，他們邀請我和他們一起生活與做研究，並分享他們的內心祕密以及生活方式。同樣的，阿拉伯商人待我如友，當我住在耶路撒冷時，他們經常在一天忙碌的商業交易之中，拉下店門與我一同泡茶，並帶來所有他們的銀器，特別的玻璃杯充滿著茶葉而還有兩吋長未溶解的糖，還有正式的毛毯。我永遠不會忘記他們這種樂於其中的永恆感。

　　隨著時間過去所有的模式都可以體認出來，細微的觀察只有是在這些團體中生活和工作才能知道。我必須在集體農場中整地、種下種子、灌溉土壤，然後採收果實；和Hasidim一起研究；每天和阿拉伯

商人討價還價去了解並記錄這種不同的生活方式。長時間日復一日地
和人們一起工作，就是民族誌研究的正當性和生命力的來源。

　　只要有時間，人們就會忘記他們「陪伴」的行為模式並回到熟悉
的行為模式。與研究外國文化比起來，在自己文化中進行民族誌研究
可能不需要那麼多時間到達那個程度：語言和習俗是熟悉的，很多方
面來講，研究者本身也是個知內情的人。然而，一個熟悉的背景有時
會太過熟悉，研究者會將事件的發生視為理所當然，而忽略或未記錄
重要的資料。

　　在實際的狀況中，參與觀察通常是不連續的，並擴散至延伸的時
間中。舉例來說，在兩個民族誌的研究中，研究輟學生和資優兒童，
我在三年的時間裡，每幾個月花幾星期的時間去做這個計畫。這樣的
訪問是集中徹底的，包括教室裡的觀察、馬不停蹄的非正式訪談、偶
爾代課、和團體中的成員互動，以及使用各種研究技巧，包括打長途
電話、和學生家庭一起晚餐，還有和翹課的學生一起在走廊或停車場
中間閒晃。

　　參與觀察需要長時間密切的和被研究者接觸。在先前討論的兩個
案例中，時間大概是要超過三年。通常訂下合約的研究基金或是時間
表都不允許長時間的研究——連續或是不連續的。在這樣的情況下，
研究者可以應用民族誌的技巧來研究，但並不能引導民族誌的產生。
同樣的，只是觀察而沒有參與研究對象的生活可能牽涉到民族誌方
法，但是這不能稱作民族誌。不參與的觀察可能會把觀看一場學校的
籃球賽當作是資料蒐集的一部分。運用民族誌的技巧和不參與的觀察
是可接受的研究方法，但重要的是正確標示出研究方法。

　　這樣的過程看起來可能是複雜的，但是一個好的民族誌學家會依

據基本原則來開始工作。參與觀察從最簡單的問題開始——甚至就像
是洗手間在哪裡？這樣的問題。找洗手間或是暖爐的煤油可以幫助研
究者了解一個團體的地理環境和資源。當研究者學到了該問什麼問題
和如何去問，緩慢但是確定地，這樣的問題會變得更精確。

在任何情況下，學習民族誌知識和理解是一個循環的過程。從整
個團體的整體觀開始，然後接近細節的微觀焦點，再成功的得到更寬
廣的整體觀念——但是這一次會有對微小細節新的洞察。重複縮小和
深廣焦點，田野調查者找到了觀察的深度和廣度。只有把深度往下鑽
並略過表面，民族誌學家才能逼真而詳細地描寫文化的景象，並且足
以讓他人理解和欣賞。

訪談

訪談是民族誌學家最重要的資料蒐集技巧。訪談可以解釋並把民
族誌學家觀察到的和體驗到的東西放進一個更大的框架之中，它需要
言詞上的互動，和交談所必需的語言。文字和表達在不同的文化中有
不一樣的價值。人們交換言詞必需品來相互溝通。民族誌學家很快
地學會去品味資料提供者的每一個字，不管是用來表示文化或次文化
的言外之意，或是直接表現出的意義。一般的訪談形式包括結構、半
結構的，非正式的和全面性的訪談。雖然在實際應用上這些形式會重
疊和混合，但是這個章節會刻意分離出訪談形式、策略和問題，分別
適用於哪些表達或討論的目的。各種訪談的方法都是扮演一種懇求
資料提供者的角色。無論如何，民族誌學家都應該在實際運用這些

方法之前，弄清楚在資料蒐集和分析上，各種訪談形式的好處和壞處〔其他的分類訪談方式，參見Denzin（1978）；Goetz 和LeCompte（1984）；Patton（2001）；其他訪談技巧的討論，參見Atkinson和Hammersley（2007）；Bogdan和Biklen（1982）；Taylor和Bogdan（1988）；Werner 和Schoepfle（1987a）〕。

形式上結構和半結構式的訪談是有明確研究目標，用言詞極近表達一份問卷調查。這樣的訪談通常是為了滿足比較與描寫的目的——比較反應並把反應放到一般團體信仰和主題的背景之中。田野調查者可以在研究的任何時候使用結構式的訪談。例如，有關學校老師的教育背景問題，在比較老師們的資格和經驗是很有用的基準資料，問這些問題也可以是不具威脅性的破冰關鍵。然而在研究的最初階段，結構式的訪談容易塑造出一些反應，符合研究者對這個團體運作方式的概念。因此這些訪談在研究的中期和末期是最有用的，可以用來蒐集有關特定問題或假設的資料。當田野調查者從「內情者」觀點知曉了對團體的基本原則時，結構或是半結構式的訪談是最有價值的。針對這一點來說，提問是比較傾向於符合本地人對真實的認知，而非研究者本身的想法（Schensul, LeCompte, & Schensul, 1999）。

非正式的訪談是民族誌工作中最常見的方法。這看起來很像平常的對話，結構式的訪談有敘述清楚的討論項目，而非正式的訪談有特定但是隱含的研究討論項目。研究者使用非正式的方法去發掘文化中各種意義的分類，在整個民族誌工作中，非正式的訪談對於發掘人們在想什麼和比較兩個不同人的想法是很有用的。這樣的比較幫助確定一個團體中的共同價值觀——價值觀影響行為。非正式的訪談對於建立和維持健康的密切關係也很有用。

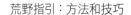

　　非正式的訪談看起來最容易實行，不涉及任何特定形式或順序的問題，也可以順著對話推進，視參與者或發問者的興趣而定。然而，正確和有效地實行這樣的訪談可能是最困難。倫理學和控制的問題每每從非正式的訪談中浮現。田野調查者試著以一種相對有系統的方式去學習另一個人的生活方式時，應如何建立並維持一個自然的情況呢？一個完全成熟可以被發掘的開放形式，該如何與一個被設計出要發現特定問題與關係而隱含的架構平衡呢？最後，什麼時候是伺機追問的好機會而什麼時候不該再深入打聽？盡力去做，非正式的訪談就像是自然的對話，但是得到的答案通常是田野調查者沒有問出的問題。

　　非正式的訪談應讓使用者容易了解。換句話說，短時間內參與者都能明瞭這種形式。非正式的訪談和一般的對話不同，但通常是合併在一起，而形成了對話與隱含問題的混合形式。問題一般會在對話中顯露出來，有時候是意外發現並源於參與者的建議。大多數情況下，民族誌學家會有一連串要問參與者的問題，並在對話中找尋最適合的時機詢問他們（如果可能的話）。

　　非正式的訪談提供資料蒐集和分析最自然的情況或版本。不幸的是，總是會有某些程度上的錯誤。不論訪談者多有技巧，有些問題還是會造成不自然的情形。然而一個有經驗的民族誌學家會知道如何將沒有威脅性的問題深藏在起始的對話之中，然後在介入敏感話題之前，提出比較私人性和可能具威脅性的問題來建立健康的密切關係。時間控制和對參與者音調的敏感度在訪談中是很重要的——非正式或是其他形式的都是如此。如果在訪談幫派分子的過程中，他接到同僚警告他團體中有身分不明的密告者電話時，就可能會失去詢問他有關

幫派中非法活動的機會，但這也是詢問線民和團體生活壓力這種問題的最佳時機。民族誌學家必須學會去留意一個人聲調的改變，因為這些改變是態度和情感的重要線索。一個老婦人在述及配偶死亡時，從輕柔感性的演說轉變成驚嚇顫抖的呢喃，此時發問者應該留意這個線索並輕巧的進行下去，她可能是想要把討論這個話題當成是洗滌心靈的機會，或感受到了揭穿內心祕密時的壓力。這些情況真的很不容易。然而，一個敏銳有經驗的民族誌學家可以分辨這兩種情況並做適當的反應。如果是研究者在這些情況下可能會犯錯〔參見Fetterman（1983），和第7章有關民族誌學家在田野調查中面對到的倫理問題〕。

　　利用脆弱的個體得到無價資料的機會可能很吸引人。事實上，這可能是一個發掘內心祕密的罕見機會。無論如何，除了明顯的倫理考量，利用一個人的代價太高了，民族誌學家必須等待另一個機會或是再去創造一個機會。在一個定點花費很長時間的好處是，更合適的機會通常還會再出現。但過分敏感會使民族誌學家變得麻痺，從而在蒐集和分析資料的過程上設下了不必要的障礙。

　　大多數重要而不具威脅性的問題可以引出田野調查者尋求的資料，並在平常的對話中創造出可以自然發問的黃金時段。適當的計畫和執行要問的問題，並維持一個可變動的版本，就是好的民族誌之要素，以確保資料的品質和維持參與者的隱私權。

　　追憶的訪談可以是結構、半結構或是非正式的。民族誌學家靠追憶的訪談來重建過去，請資料提供者回憶個人的歷史資料。這類的訪談並不能得到最正確的資料。人們總是會遺忘或是過濾過去發生的事件。在一些例子中，追憶的訪談是蒐集過去資料的唯一方法。在民

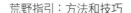

族誌學家已對歷史事件有正確理解的情況下，追憶的訪談能提供個體有用的資料。這樣的態度使被訪談者在他們的價值中重塑過去的好時光，並顯現出他們價值觀的形態與結構。

民族誌學家用訪談來分類並組織一個人對真實的認知。所有的訪談都共用了一些基本形式的問題。最常見的形式就是全面性或是歐洲大陸周遊旅行的形式，細節或專一型，和開放或封閉式的問題。全面性的問題協助認定要探勘的重大主題。專一型的問題是用來挖掘這些主題中更詳細的內容。這方式決定了人們觀察世界的方法中，相似與相異的地方。開放式與封閉式的問題可以讓民族誌學家發現並確定參與者的經驗和認知（參見第7章同意書和機構評議委員會各節）。

全面性或歐洲大陸周遊旅行形式問題

全面性的問題——或是Spradley和McCurdy（1989）稱作歐洲大陸周遊旅行形式的問題——是設計用來引出參與者或是本地人世界的廣闊景象，為了界定這個文化的邊界。全面性的問題協助界定研究的邊界，並將資源做好明智的規劃。參與者對物理背景的概觀、活動的景象以及想法有助於對焦與指正研究方向。

在一個針對大學的研究中，最典型的全面性問題可以是：你可不可以帶我到校園走一圈？要回應這個問題，這個個體會指出不同的學術研究中心和商學院、醫院、教堂或猶太集會堂、學生活動中心、圖書館、兄弟會等等。全面性問題的品質決定了它的實用性。全面性問題的範圍越窄，反應也會越小，然後影響到對這文化的概觀。同時，研究的範圍決定了全面性問題界定的範圍是否有用。舉例來說，如果

研究涵蓋了整個大學，那麼上述這個歐洲大陸周遊旅行形式的問題是一個很好的全面性問題。如果研究包含了整個美國文化，這樣便是請一個人對民族誌學家表示出荒謬的界限；在有限制的背景之下，這方法很有可能會誤導方向。

在我對大學圖書館的研究中，我請人帶我四處走走。我在熟悉的環境裡遊覽一遍：諮詢服務台、電子與紙本編目、特殊館藏，和各種大學部與研究所的藏書。我也看到了後台的場景：行政辦公室、有未編目書籍的地下室、編目室、充滿電腦軟硬體的房間，還有其他不熟悉的處所。這些資料幫我重新定義我研究的範疇；同時也提供了一個背景讓我構想我的研究。這個歐洲大陸周遊旅行形式的問題使我了解書本和人如何在圖書館的系統中流動。圖書館的一部分就像生產線一樣的運行著：其他部分就像是跟隨著中世紀的學者和照明者的模式一樣。當我看到一點我所不知道的東西時，我就慢慢的縮小我的問題範圍。就像是說，我不了解圖書館員一天的作息——所以我就問啦。

全面性問題帶出的資料使我能建構出這個地方的基本地圖，建立它的運作模式，並分離初步的主題，讓我可以有效率和有效的使用時間。這樣的資料也刺激出一大堆專一、詳細型的問題，在全面性問題之後，導出詳細內容的問題——直到我建構出令人滿意的概念架構為止。

民族誌研究需要田野調查者在全面性問題和專一型問題中反覆來回。過早對一個人的活動或是世界觀對焦，可能會在研究完成一半以前就耗盡民族誌學家的資源。在整個研究中，田野調查者應該要在問題之間保持一種微妙的平衡；但一般來說，全面性問題在研究早期應受到重視，而專一的問題要放在中間或最後的階段。

專一型的問題

當全面性的問題對田野調查者和當地人都顯示了某種分類的重要性時，這種分類的專一型問題就變得很有用了。全面性問題和專一型或詳細型問題的不同點大部分是由於背景的不同。「圖書館員在做什麼？」這樣的問題在圖書館的研究中算是個歐洲大陸周遊旅行形式的問題，但對整個大學的研究來說，就是個專一型的問題了。

在我的圖書館研究中，專一型的問題是專注於各組間的不同點，與各組中不同類型的圖書館員——舉例來說，在公共服務的管理者和技術的原始者編目者。更精確專一的問題關注到同一組和處所中兩個成員的差異性，就像是編目組中始原始編目和副本編目的不同。

專一型的問題深入探索一個意義或活動建立出來的分類。當全面性問題塑造並提供了一個完全的理解時，專一型的問題便琢磨並推廣這樣的理解。構造和屬性的問題——專一型問題的次分類——通常是這層次詢問的最適合方式。構造和屬性的問題對民族誌學家來說，在組織以本地人觀點為主的理解方面是很有用的。舉例來說，一連串在圖書館研究中之結構的問題包括以下所述：「圖書館主要的部分是哪些？」「這些地方是如何組織起來的？」「在圖書館中存在哪些組別？」這些問題的回應提供了內部人員在圖書館結構上的觀點。我得知了三個主要組別：公共服務、技術服務和行政服務。經過更深入的探查，我得到了這些組別之下各單位的詳細描述。接著是另一個結構上的問題，我問：「在各個不同的組別中，是哪些類型的圖書館員？」參與者解釋說，編目和維護在同一組的不同單位，而管理員在另一個完全不同的組別。為了更廣泛的了解，我比較了不同個體間的

認知，以確定由權力、地位和角色的不同而造成相異或相同的判斷觀點。我也打電話訪問其他的學術圖書館來得知這樣的結構模式是否是整個國家中研究型大學的代表（電話和問卷是很有效的工具，可以決定某個模式是否是在整個組織中具有代表性）。結構的問題提供了這種橫跨概念存在的相似性——在本地人的頭腦中〔參見Spradley和McCurdy（1989）更多有關分類定義的建構的資料。亦可參見Clair（2003）〕。

　　屬性的問題——有關一個角色或是一個構造元素特性的問題——在概念的分類上搜尋它們的不同點。一般來講，訪談會將結構和屬性的問題並列在一起。而從結構問題引伸出來的資料，可能帶出各種新確認類別之間差異的問題。例如，在知道了一個學術圖書館各種不同的組別和單位的構成以後，我可以合乎邏輯地用下列屬性問題詢問它們之間的差異：「技術服務組和公共服務組的圖書館員有什麼不同？」除了知道這兩種職位功能上的不同之外，我還察覺到在「圖書館內部」工作的編目之間地位上的差異——不被校園中其他的人注意到，好像在剝削勞力的工廠中的情形——而管理員，卻和學生、教職員一起在豪華、有空調、有地毯的寬敞舒適的空間和光線中工作。要發現更多有關各部門和單位的事情，我深入這樣的回應並問了一個結構上的問題：「科技服務組中有哪些單位？」圖書館員熱心地告訴我有關該組的各個單位，包括採購（acquisitions）、編目、序列、裝訂和完成，以及維護。下列屬性的問題對於我在釐清圖書館的組織上很有用：「採購和編目有何不同？」[1]對這問題的回應給我一個更清楚的概念，知道了這個系統中，書本在生產線上的動向〔有關成分分析的討論，參見Spradley和McCurdy（1989）〕。

　　結構和屬性的問題是從認知理論（象徵的互動主義）中衍生出來的，關於這世界是如何運作（Blumer, 1969）。明顯的，這些問題幾乎在所有的理論方法中都很有價值的，因為它們幫助組織田野調查者對他人定義事實的認知。

開放式對封閉式的問題

　　民族誌學家使用開放式和封閉式的問題來進行田野調查工作。一個開放式的問題允許參與者親自解析它。舉例來說，在一個急診室的研究中，我訪問一個一般的急診室護士：「你喜歡和直升機護士一起工作嗎？」這樣的問題引出了一段長而詳細的解釋，她說她覺得直升機護士都在逃避工作，這真是不公平，在忙碌的時候，她們都不準備加入。她說她可以舉出一個星期之中有五到六項工作是一般急診室護士和直升機護士要一起做的，但她說這些工作都很粗略。

　　這個回覆為我的研究開啟了一道新的大門。我進一步深入關於直升機護士的問題。直升機護士指出她們大部分的時間在等待呼叫，以便能快速地進入直升機中。她們解釋說，忙碌的時候，她們不能專注於一般急診室的工作是因為她們隨時可能會被呼叫，而這時放下手邊的工作對一般急診室護士和病患來說都是不公平的。如此一來，開放式的問題有助於闡釋像這兩種護士在急診室經驗中所持互相衝突的觀點──這是封閉式的問題，例如「你們每星期有多少機會和直升機護士接觸？」可能就無法引導出來。

　　封閉式的問題在嘗試去定量行為模式時是很有用的。例如，問這兩種護士每星期有多少機會一起工作，會是分辨真實認知的有效試

驗，和證明這個特別行為模式頻率的方法。不同的回應也會是有效的
暗示，來深入探知互動的品質。

　　民族誌學家一般都會在研究的開發階段問比較多開放式問題，而
在確定階段問較多的封閉式問題。最重要的是避免單一而模糊的問
題。問一般護士她們是不是經常和直升機護士一起工作——而沒有定
義什麼是經常——對研究者和參與者來說都是毫無幫助的。

訪談的禮節與策略

　　禮節存在在所有的訪談之中——是訪談者與參與者的個性與情
緒、正式與非正式的環境、研究的階段和各式各樣的情況所綜合造成
的產物。每個禮節共通的第一個要素是民族誌學者要尊重所研究族群
的文化。在一次訪談中或任何其他的互動（關係）中，民族誌學者對
族群文化的規範要敏銳。對文化規範的敏銳會在穿著、語言和行為中
而顯露。穿著由設計師設計的昂貴衣服訪談被褫奪公權者、窮困的中
學生是不敏銳且不恰當的，就如同穿著剪洞的破牛仔褲和T恤訪談行
政主管一樣。雖然一般人會寬恕怠慢無禮或失禮，但經常忽視和缺乏
關注族群的根本文化價值，將會嚴重的妨礙研究的進展。

　　第二，在所有的訪談中，整體的導引是考慮到他人。一個個體犧
牲他自己的時間來回答問題，就是幫田野調查者的忙。因此訪談不是
質問個體或是批評文化習慣的藉口。這是從受訪者身上學習的機會。
進一步來說，個體的時間是珍貴的：企業經理和學校的工友都有工作
要做，無論正式或非正式，民族誌學家應該依他們的工作義務和時間
表來計畫最初的訪談。之後，田野調查者才會成為完整研究工作的一

部分。然而，就這點來說，對時間控制產生的細微差異的敏銳度是必要的。細心的民族誌學家會對受訪者的信號有所反應。重複瞥視手錶代表時間已經到了。呆滯的眼睛、迷惑的神情或是不耐的皺眉頭是受訪者讓詢問者知道某些事情不對的方式：個體已經厭煩、失落或被羞辱。常見的錯誤包括花太多時間談話而沒有足夠時間傾聽、不能使問題明朗化，和不經意的製造對受訪者隱含的批評。民族誌學家必須傾聽受訪者的語言。從一個形式到另一個形式，他們總是在不斷的溝通。

在正式的環境——像是校區——一個高度正式、儀式化的規定對接近學生和教師增加訪談的機會是必須的。請求並能有把握（訪談）的許可牽涉到與上層（stakeholders）（包含了督導和校長）的初步會面，以互相詼諧的開場、正式研究計畫的解釋（包含提交已計畫的研究）、許可信和正式的定期交流，包含研究論文末的備註。相同的，結構式的訪談需要更有結構的介紹、許可、指示、標示訪談中主要變化的線索、結束和可能的進一步溝通。

非正式訪談需要同樣的訪談禮節，然而研究者會無意、暗中地傳達許可、指示、線索、結束和進一步溝通的信號。幽默和打破僵局的話在非正式和正式結構化的訪談中都很重要，但因每場訪談形式的需求，而有某種程度細微的不同。合宜規定的敏銳度能加強訪問者的效果。

策略和技巧能加強訪談的品質。最有效的策略，似是而非地，就是沒有策略。表現自然比任何表演更使人信服。舉止像青春期的男女孩並不能贏得青春期男女孩的信任，這只會使得他們更加懷疑。同樣明顯的理由，舉止像個有成就的律師在訪談律師時也是無用的。首

先，民族誌的訓練在田野調查中強調誠實，包含了訪問。虛偽的遊戲
在訪問的環境或其他地方沒有生存的空間。第二，在任何資料蒐集的
訪問中，目的是要向訪問者學習，而不是給予這個體受訪者已經多麼
了解這地區的印象。第三，即使是完美的演員在漫長的訪談中一定會
失足，而因此破壞了信用。表現自然是最好的保護傘。

　　更有經驗的民族誌學家會學到何時適當或可能經由打破較小文化
的規範，來測試自己在這個系統的知識，像是在正式會議上坐到其他
人的椅子上，測試身分地位、階級制度和族群模式。然而，這項知識
發展策略需要大量的實驗和非常健全的融洽關係，通常這是研究中花
費大量時間在族群身上才能得到的結果。對次文化規範傲慢會傷害感
情、損害融洽關係而造成巨大損失，並嚴重地扭曲溝通線──所有都
可能導致不良的數據資料。

　　某種程度的操縱會發生在所有的訪談中。訪談者試著從個體生活
中學到一些事情──不是每一件，只是一些。要達到這個目標需要一
些意識或下意識的語言交流來形成──經由自然對話中清楚或暗示性
的線索。舉例來說，採用來自法庭訴訟程序的策略，在一段時間以不
同的方式詢問同樣的問題，以檢定訪談者對反應的了解程度和個體的
誠意──也就是這個個體所相信的答案，或是他（她）要民族誌學家
聽到的答案〔或是他（她）認定這是民族誌學家想聽到的〕。這項策
略提供民族誌學家稍稍地修正、萃化對初始反應的了解。通常，重複
的問題和同樣問題的不同變化引出的反應，在討論題目上會散發出全
新的觀點（light）。訪談者應該在訪談中散播這類形式的問題。一個
接一個地重複問題會造成侮辱和沒有結果。有些訪談比其他更快達到
回應消失的地步。訪談者必須知道何時在題目上停留和何時移開。

相似的策略包含了要求複述參與者的問題。個體的問題對他（她）的答案來說有同樣多的參考訊息。複述問題時，受訪者在主題和相關的關係上會提供更廣闊的看法。同樣地，當回答語調或態度引起回應是否完整的質疑時，訪談者要請受訪者重複或是闡述答案。當受訪者對詢問的反應只是簡潔、有效率的回答時，這個方法便能有效刺激和受訪者的討論。

在數以百計有用的訪談策略中，最有用的是讓受訪者處於自在的狀態、承認資訊的價值和加強後續的溝通。許多有關訪談的書籍強調控制。在正式的結構式和半結構式的訪談中，維持控制訪談的方向是有用的，以確保短時間內產生想要的目標訊息；但多數時間裡民族誌學家希望受訪者能在掌控之中。「如何」溝通和溝通「什麼」一樣有益。一個個體的態度、重點和表現能告訴我們一個個體的時間認知、思考組織力和人際關係的感覺。管理大多數訪談和維持控制會犧牲太多的資料。有技巧的民族誌學家會學習何時讓受訪者閒談和何時形成或指揮訊息的流動──一般由研究或詢問的階段來形成決定。在探索性的工作中，讓參與者自行控制溝通的流動是最有用的。正式假說測試的焦點時期需要民族誌學家維持更強的控制。

沉默也是訪談的有效策略。對許多美國人來說，學習如何容許問題和回答間的空檔是很困難的。然而，田野調查者要學習每當沉默降臨，不按慣例地跳入或闡明問題。最好的方法是讓參與者在回答前思考問題和消化一段時間。參與者明顯地結束討論主題之後，簡短的暫停可以帶來更多訊息是對訊息重要的修飾。沉默的責任落在兩方。一個有經驗的民族誌學家會學到如何有技巧地使用沉默──鼓勵受訪者說話，而不是使他們不舒服或害怕。像這類策略和以下所述，將會保

證更自然和更精確有用的溝通流動，減少角色扮演、各式各樣其他的錯誤因素和毫無產值的時間。

關鍵角色或報導人訪談

有些人口齒較清晰和對文化較敏感，這些個體是優秀的關鍵角色或報導人（informant）。報導人是傳統人類學的術語；然而，我使用關鍵角色這個詞來描述個體，以避免這個術語的瑕疵和歷史根源[2]。社會族群的研究，個體是其中的演員之一，也許不是主要的，卻也是不可缺少的。然而這樣的個體變成民族誌研究劇院裡的關鍵角色和中心角色，連結了田野調查者和社群。

關鍵角色可以提供詳細的歷史資料、當代人際關係的知識（包括衝突）以及日常生活裡差異細微的訊息資源。雖然民族誌學家試著盡可能和許多人談話，但時間一直是個要素。所以，人類學家傳統上相當倚重族群中一位或兩位個體。

通常關鍵角色會發現許多民族誌學家的問題太顯而易答或是愚蠢。田野調查者會詢問一些文化的基本特徵——是對關鍵角色來說非常基本的知識。然而，像這樣天真的問題通常可以導出文化如何運行的全面解釋。像是這類的回應會指出關鍵角色和受訪者之間的不同。關鍵角色通常以廣泛、漫談的方式回答問題。受訪者以他們的豐富內涵和本質明確地回答問題，沒有大幅的描述和離題的對話。訪談一位受訪者通常是較有效的資料蒐集策略，但比起和關鍵角色討論會有較少的揭露和得到較少有效的資料。

關鍵角色需要小心選擇。他們是難以完全代表族群的人。然而，

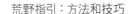

他們通常是社會主流的成員——不然他們不會如此接近尖端的文化資訊。關鍵角色也許是文化的中間人，遊走在兩種文化之中，如同在我研究之下的輟學生，一腳跨進學校，另一隻卻踏在街上。這樣的情況也許給予他們特殊有力的觀點和客觀性。他們也可能是社區中正式或非正式的領導者。關鍵角色來自各行各業，涵蓋所有的社經和年齡族群。

　　關鍵角色是民族誌學者極佳的訊息來源和重要的告示板。在我研究輟學生期間，我常常先拜訪其中之一的關鍵角色，以更新最新的消息，試探有關文化規範和信仰的最新想法。Rerun，一個布魯克林輟學教育計畫的學生，常邀請我到他家吃晚餐或是記錄口述。他和他的祖母告訴我鄰近地區的故事——它過去是如何，而現在變得有多麼危險。他還讓我了解這個社區的周遭，所以我能了解「其他住在這裡的人」。他住處前面是毒品交易和賣淫、拉皮條的旅館和各式各樣類似的活動。他對這個社區所了解的知識是無價的，而且他十分願意和我分享。同樣的訊息也幫助我了解學校教育計畫的前後背景關係。Rerun也讓我由關注學校裡角色塑造的重要性，了解到學校的社會思潮。他告訴我教育計畫裡的一位新老師打破了合適穿著的所有規則，試著教他們以「五隻手指的折扣」（five-fingered discount，即偷竊）來「解放商品」（liberating merchandise）。他說學生很反感。他們向行政官員抱怨。「他們來這裡是為了學習。」他解釋道。他們已經了解到公立學校和街上給了他們什麼樣的教育。在教育計畫中，新老師打破這樣的基本文化規範，所以學生將他免職。我和行政官員及其他同學重複確定這項訊息。雖然官員不願討論它，他證實了Rerun所言並提供了其他被隱瞞的訊息，因為這件事在政策上相當尷尬。

James在底特律輟學教育計畫是一位長期任職的管理員。他和許多這裡的學生一樣成長於當地的社區，而他對認真和不認真的學生之間，以及認真和不認真的老師之間的差異相當了解。我問他如何認為學生能遵守禁菸、禁止在室內戴帽子和穿運動鞋的新規定。他說：

> 你能從地上的菸蒂來得知他們仍在吸菸，無論哪一個日子，我知道，因為我必須清掃它們。……幾乎都是新來的，你知道嗎？像是Kirk和Dyan、Tina。你能隨時抓到他們在哪裡，我曾看過他上課時在走廊、這裡（指咖啡廳）和下課後（還在咖啡廳）。

他提供觀察的證據支持他的觀察——和我們訪談時，他已經清掃出一堆菸蒂。

在一份資優教育計畫的研究中，我最具洞察力和最有助力的關鍵角色是學區督導。他告訴我校區的政策和研究期間如何避開無謂爭論（turf disputes）。他帶我繞行社區，教我如何分辨每一個主要的地區，以及指出每個相對應的社會經濟差異，這在研究中確實有重要影響（Fetterman, 1986f, 1988a）。他也提出了教育循環特質，現在有一些董事會成員和前任學校理事會成員提出菁英主義，反對現在的（普及教育）計畫。他限制他兒子不要加入為資優兒童而設的計畫（而其實他兒子有資格加入）。這訊息使我對在董事會中同輩壓力的認知開了新的一扇門。

一位關鍵角色提供具體的描述，會比陷入抽象幫助更多。在其他研究中，關鍵角色會是另一個在教育計畫中工作的人類學家。一開始他的幫助是無價的。然而，隨著研究進行，他的具體描述和定期象徵

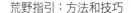

性的說明，提供一種方式來陳述整個社會系統。最後，我們承認我們都看不到研究中的計畫和個體了。受過高度訓練、正式教育的關鍵角色在研究中是有益的，但是田野調查者應該用心徵求他們的貢獻，注重具體事實和將抽象和現實約束在一起。

關鍵角色能幫助田野調查者綜合觀察。在研究某個大學科系時，我觀察到有一連串的教務會議開了好幾個月，卻未在任何議題上做出決定。我早已預料到會有曖昧不明、爭論、意見不合的情形，但是我沒法理解這種長期不穩定的氣氛；這些教職員通常是更有決斷力的。我和一位關鍵角色（一位自該系退休的榮譽教職員）描述這些教職員，就像是漂流的船、沒有舵而漫無目的的航行。他提供更廣闊的前後關係，幫助我了解我所看到的和感受到的。他解釋我正經歷「空窗期」（interregnum）。前任主席辭職而學系正面臨領導真空期。沒有這項訊息，我就不能完成學系互動關係的描寫（picture）。

關鍵角色和民族誌學家必須互相信任（見圖3.2）。慢慢贏得雙方的尊重。民族誌學家必須花時間找出口齒清晰的個體並花時間在他們身上。田野調查者學習仰仗關鍵角色的資訊——特別是要交叉檢驗其他來源，以證明其正確性並揭露出來時。有時候關鍵角色會被挑選出來，僅僅是因為他們和民族誌學家性格相似，或是有相同的興趣。民族誌學家和持續提供可靠和易了解的訊息的關鍵角色建立長期關係。關鍵角色可以是非常有效用和有效率的資料和分析來源。

同時，民族誌學家必須小心地判斷關鍵角色的訊息。過度依賴關鍵角色是危險的。每一項研究需要多方面的資料來源。另外，必須確保關鍵角色不會只提供他們認為田野調查者想要聽的答案。民族誌學家能簡易地檢查答案，但必須對扭曲和錯誤保持警戒。另外，當關

圖3.2　作者訪談一位關鍵角色

鍵角色開始接受民族誌學家的理論和觀念架構時會有微小差異問題產生。關鍵角色也許不經意開始以先前架構的術語描述文化，破壞田野調查和扭曲外在或內在的觀點〔要進一步討論關鍵資訊提供者，請參見Dobbert（1982）；Ellen（1984）；Freilick（1970）；Goetz和LeCompte（1984）；Pelto（1970）；Spradley（1979）；Taylor和Bogdan（1988）；Wolcott（2008a）〕。

生命史和自傳的表白訪談

關鍵角色經常提供民族誌學家豐富、詳細的自傳式描述。這些生命歷史通常是相當私人的；個體通常不能完整的表現團體。然而，關鍵角色如何去編織，就告訴我們許多有關社會團體的這塊布料為何。個人的描述提供目標文化整合的圖像。

許多口述歷史能用更多的研究來證實真偽。然而，在一些例子裡

生命史不能被證實或甚至是確認事實正確。在這些案例中，生命史仍然是無價的，因為記錄捕捉了過去的個體認知，提供了關鍵角色如何思考以及個人和文化價值如何形成他（她）過去認知的獨特關注。結合觀察和訪談，生命史允許民族誌學家組合大量認知資料，以便產生和回答有關社會團體的基本文化問題。

　　我在基布茲集體農場所做的田野調查產生了一些豐富和令人激賞的生命史。許多年長的基布茲人曾經是集中營的倖存者。他們對於集中營前的日子、在集中營裡生存下來和自此至今的體驗是令人注目和有力量的。一位倖存者，Abraham，描述了他年輕時的家庭，在德國時所上的學校，他所處的地位和當納粹（Nazi）掌權後氣氛逐漸轉變。他告訴我在收到集中營的通知甚至是到達集中營前，他失去了一半以上的家人。集中營的生存法則更令人害怕。他能在集中營裡活下來是因為納粹們答應，只要他到堆滿死人屍體的坑裡撿拾死屍的金假牙，就讓他活下去。他回憶在一個大冷天裡，納粹們插隊到他和他的兄弟之間，隨意地射殺他們，獨留他活命。我們甚至談論有些曾是高社會階層的人在集中營裡仍覺得自己比其他人優越。Svie是另一個大屠殺（Holocaust）的生還者。他描述一位年輕人在集中營裡反叛。看到施放毒氣的建築物轉角處有一把來福槍，這名年輕人赤裸地跑出隊伍和全身顫抖地抓起那把槍。他瞄準守衛然後按下扳機，結果是空槍：守衛玩弄了他。他們告訴年輕人其他人要為了他這個不守規定的行為付出代價。然後將他趕回準備被毒氣殺死的隊伍前，在他面前射殺了三十個男人、女人和小孩。這在肉體和精神上都驚駭了過去曾經歷過此事的倖存者——以及當如此多的人死去，而僅有他們倖存下來的罪惡感——正在淹沒他們。這些故事是有價值的，不只是歷史記

錄，也是幫助我了解他們每天在集體農場工作所展現出來的行為、情緒、害怕和價值觀的關鍵。

輟學計畫的研究也提供了豐富的生命史。許多學生極其詳細地和我分享他們的生活。一位年輕女人告訴我她母親一再偷走她的男朋友，而且在寒夜裡把她擋在家門之外，任她自生自滅；一位年輕人描述他看到最好的朋友向警察開槍，隨後頸部被警察反開一槍。這些寫實的生命史幫助解釋這些個體如何看待這世界——為什麼有人輟學，為何他們週期性地在新計畫裡遲到，以及在計畫中為何需要如此多的輔導員。再來，在輟學計畫中一位祕書的生命史——白種、中等階級年輕女人的完美圖像——解釋了為何會明顯地和低社會經濟階層的黑人小孩產生衝突。

生命史的研究通常對關鍵角色和民族誌學家兩者都有益。然而，這極度耗費時間。近似這種取向的研究像是自傳式的表白訪談，對資源有限和時間緊迫的研究特別有貢獻。在許多案例中，簡略或聚焦的生命史就已足夠。一個自傳式的表白訪談包含了高濃縮的編年自傳，在研究者最關心的關鍵問題上中斷，恰到好處地縮小範圍，例如壓力、青春期、婚姻、就業等等。自傳集中在社會、教育和工作的發展，而不是了解參與者生命的全部行為，民族誌學家學習參與者生活的某個方面到一定的深度。當問題放在一起時，深度透視的技巧是無價的。這方法是最有可能產生有利的洞察進入參與者的世界觀，並且在短時間內將這些洞察和特殊研究主題連結在一起（Spindler, 1983, p. 293）。

清單和表格

　　一些技巧能刺激訪談者回憶和組織資料。在半結構式的訪問期間，民族誌學家可能會發現規範或談論的清單是有用的。列印紙本出來或是不突兀的顯示在筆記型電腦或PDA上，這些清單通常包含民族誌學家計畫能涵蓋整個訪談的主要論題和問題。想要一個更有效率的方法時，清單能提醒和引導訪談的過程。同樣地，有一些田野調查的經驗之後，田野調查者能夠製作表格以幫助擷取資料。舉例來說，在輟學計畫研究中我為自己和其他田野調查者製作了教室觀察表格（classroom observation form）。它簡單地由資料、地點、觀察者、教師和計畫主題組成，頁面其他地方分成三節：課前觀察、課堂教學描述和課後描述。這表格很容易記錄和完成。而這也是無限制的，允許觀察記錄任何事件。我唯一要求必須在表格上做到的是清楚的結構（基於觀察），是課前、課中和課後活動的形式分類，包含指出哪位學生早到或下課後仍逗留在教室內，以及特別是他們正在做的事情。經由訪談和觀察，在文件上記錄老師和學生帶到課堂上的情緒，通常可以幫助解釋教室裡的行為，尤其是課外活動期間，例如選舉期間和大型競賽。

　　核對清單和表格有助於組織和訓練資料的蒐集和分析。田野調查所獲得的知識可以確保它們建構的適用性和有效性。核對清單和表格也要求前後一致的使用，因而能允許田野調查者進行比較，舉例來說，在不同的系統中，輟學生對新的法則和規定有各樣的觀點。然而，這樣的清單和表格並不是固定的；有新論題浮現就值得去探勘。

新的概念化出現，以不同的表格，選擇和分析相關聯的資料是必要的。如此研究者在整個研究過程中，必須持續地修飾舊的，以發展新的清單和表格。

問卷

結構式的訪問接近問卷的大致形式。問卷在訪談的整個範圍中也許是最正式和僵硬的交流形式——逐漸增加結構化訪談的邏輯化延伸。然而，問卷在性質上和訪談不同，因為研究者和受訪者之間的距離不同。訪談有互動的性質而問卷卻沒有。在填寫問卷時，受訪者沒有任何言語上的交換和說明就完成研究者的表格。了解研究者和受訪者是否在同一種波長、有相同的假設和了解問題是困難的——也許不可能。

對問卷的錯誤詮釋和錯誤呈現很普通。許多人對問卷呈現一種理想化的景象，答題應該如他們所想的符合某種景象。研究者沒有控制反應的形式，沒有與人互動間的線索去引導對反應的解釋。其他問題包括題目的誤差和低回收率。來自電話簿的族群樣本排除了許多未列出、沒有電話，或正在搬家的人。隨機按電話號碼雖然有改善，但仍漏失後兩個族群。同樣的，使用車輛登記得到樣本將會漏失沒有車或沒有登記的人。忽略這些被分離開來的族群將會系統性的影響資料和反應的詮釋。

儘管有這些警告，問卷仍是應付社會代表人物的出色方式。它們是唯一可以感覺到成百上千人脈動的實際方式。人類學家常常將較大

的難題拼湊成較佳的控制範圍之後，才發展問卷以探索特殊的議題。問卷是民族誌學家有關這系統的知識產品，研究者能為了特殊主題或一整套有關議題而改寫它。民族誌學家也用現存的問卷來測定有關特殊概念和行為的假說。然而，民族誌學家必須在執行問卷前，建立特殊問卷和目標文化或次文化的關聯。為了兩個研究所發展的簡易問卷中，我運用我文化的知識，表現在文化術語和表達上，這方式的問題和問題的內容都是口語的。初始階段有必要消除各式各樣的錯誤，包括模糊和誤導問題、不適當的回答分類、範圍太大和低劣的印刷品質。我也曾經送出三次問卷以改善反應程度。額外的統計工作對計算回收的樣本誤差和解決許多其他問題是必要的。接著我比較這些問卷的結果，考驗我描述的發現。描述發現對解釋問卷的結果是有用的，問卷結果則提供洞察一些普遍的態度。

　　線上調查以及網路問卷對短時間內記錄大量群體觀點提供了一種有效率的方式。問卷發布在網路上，形式可包括是非題、多重選擇題、開放式問答，或李克特五點量表（5-point Likert scale）。回答問卷的受試者會在網路上收到線上問卷的位址（一個特定的網頁地址），直接在線上填答並送出。所有被送出的結果將會自動計算。輸入答案後，這些填答與回應通常會即時以柱狀圖或以類似的圖型視覺方式呈現加總結果（見**圖**3.3）。這個方式節省了民族誌學家準備

11.	Tobacco prevention & education programs are a good use of public money?		Create Chart
Yes		883	98%
No		14	2%
	Total	897	100%

圖3.3　線上調查的螢幕截圖

郵寄問卷的成本、耗費的時間、昂貴的郵資，以及後續輸入所有回覆問卷資料的花費。若有需要，研究者亦可協助一些恐懼電腦或無法使用電腦或網路的受試者完成問卷並輸入到同一個線上資料庫（Best & Harrison, 2009; Flick, 2009）。

執行調查還有許多其他方法，從使用PDA到無線網路投票裝置（wireless polling devices）。使用無線網路投票裝置（每個人使用一個手持裝置答題，答題結果將馬上顯示出來並做成分析圖表）的一項好處是即時性與透明度。受試者可以即時的分享並看到他們的答題結果。這個方法對執行專題小組討論（focus group discussions）提供了一個絕佳的載體。每個人也可以藉此比較自己與團體的答案（若適當的狀況下）並針對特定回答做討論。

一項調查結果（紙本或是線上問卷）的可靠度（credibility）決定於此調查之回覆率。一項調查之回覆率意指採樣群體中多少比率的人完成了這份調查問卷。有許多方法都可以提高回覆率，從縮短問卷的篇幅（減少答題者的負擔）到提供誘因皆是。通常而言，回覆率越高，信度越佳（Fink, 2008）。

問卷在民族誌研究中有存在的空間：它們是大規模資料蒐集的有效手段，雖然所有警告都指出使用問卷在方法論上的問題——包括詢問者和受訪者之間的距離——減弱了作為主要資料蒐集技巧的可靠度〔參見Fowler（2008）、Fowler和Cosenza（2009）有關調查研究方法的優秀呈現。Fowler（2008）；Fowler和 Cosenza（2009）；Groves, Lyberg、Massey、Nicholls和Waksberg（1988）；Lavrakas （1993, 2009）所關注的電話調查；以及Hagburg （1970）有關問卷資料的可靠性〕。

投射技巧

　　投射技巧（projective techniques）在民族誌中也很有用。投射技巧補足和加強田野調查，而非取代它。這些技巧可從族群成員中引出文化上和心理上的訊息。典型地，民族誌學家手持一個物品然後問參與者是何物。人類學家也許對物品代表什麼有看法，但參與者認知的看法要重要許多。參與者的反應通常顯現個體需求、恐懼、性向和大眾的世界觀。

　　羅夏克墨漬測驗（Rorschach inkblot test）是典型的投射技巧。心理學家和精神醫生拿一系列的墨痕要求病人解釋。臨床醫師根據提供的訊息診斷，人類學家習慣用羅夏克、主題統覺測驗（thematic apperception test）和各種其他的心理測驗以調查特殊的假說（Pelto, 1970; Spindler & Spindler, 1958）。然而，投射技巧在田野調查裡使用會出現某些困難。首先，研究者需要特殊的訓練以及處理測驗和解釋反應的經驗。第二，這些測驗易有文化上的偏差——只和創造出它們的文化有關。除非研究者依照研究的文化改編測驗——或解釋它們，但解釋或許會不適當和造成誤導。

　　許多人類學家改編測驗以合乎當地的脈絡。其他僅使用典型的投射技巧，引出參與者的反應，然後使用判斷和直覺（基於對社區的了解）來適當地解釋反應。其他人類學家則創造出符合用途的投射技巧。我時常和研究中的團體分享圖片和影片，某種程度上來說是一種互惠的方式，但它也能得出重要的資料。在輟學生研究中，當學生看到校長的照片時叫出「Idi Amin」（即烏干達魔人阿敏），我很驚訝

因為之前我只聽過他被高度讚揚。學生的反應顯出對校長的另一面感覺。他們愛他而且尊敬他，但他們也討厭他是嚴厲的老師，強迫他們遵守所有的校規。我需要經由接下來的訪談和多重確認來進一步調查反應。然而，投影片帶出學生和校長關係層面的第一道光芒，而這說明他有多成功——充滿關懷但堅決。

僅僅簡單照張相就是投射技巧了。在我的研究中，我幾乎都在照相。當我透過鏡頭與個體對焦時，如何對相機做出反應常常表現了個體的特徵。害羞、大膽或是性感的姿勢都能告訴我們。隨意談論起電影、電視節目、警察，或幾乎任何話題，對有技巧的和細心的民族誌學家來說都能成為投射的技巧。身為城中貧民區中學的老師和研究者，我運用夢來作為投射技巧。我詢問學生有關夢和夢見他人的事，然後問他們夢的意義。夢到被困在教室裡和抓到校長室去緊密地對應他們被囚禁在學校裡的心情（為了交換他們的坦承，我常常提供古典佛洛伊德或實用主義的阿德勒來解析他們的夢。他們喜愛這些解釋主要是為了娛樂價值）。

即使是投射技巧，仍然極少能單獨呈現出解釋。研究者需要在較大的研究脈絡中設置技巧，以完整的了解所引出的反應。投射技巧是引導進一步質問的線索，或支持進行中假設的訊息來源之一。只有民族誌學家的想像力，限制了可能的投射技巧。然而，田野調查者應該只使用和當地族群及研究有關的測驗。

其他引出反應的方法

　　各種其他的工具引出目標文化內部成員的分類和範疇。民族誌學家要求參與者將他們社區的人分等，以了解各種社會的階級制度。語意差異技巧（semantic differential technique, Osgood, 1964）引出內部成員某些概念的評等。舉例來說，受訪者被要求以李克特五點量表（極好、好、中等、壞、可怕）評等搖滾樂，接下來本地人或參與者被要求評等各種其他概念。田野調查者可以比較個體和其他社區成員的評等，以產生族群對某個議題的想法的圖像。田野調查者能因此辨別典型的和統計學上的例外或反常。認知圖像標示（cognitive mapping）也是引出內部成員觀點的有用方法。要求學生記錄上學途中的各種地標——例如，一條能識別出各個街區幫派勢力範圍的路線——提供我們洞察個體如何看待這個世界。

　　像投射技巧一樣，民族誌學家在設計和使用前需要一些社區的基礎知識。實行這些方法以完全理解反應之後，額外的研究工作是必要的。這些技巧能達到和結構式訪談與特質問題得到同樣的發現——真實內部成員的認知。

非介入性的方法

　　在這章節的起頭就先陳述，民族誌學家是人類的工具，藉由他們的感覺來做資料蒐集與分析。大多數的民族誌方法是互動的：這些方法牽涉了與人們交涉。民族誌學家試著非介入性的方式，對參與者行

為的影響降到最低。然而，資料蒐集技巧——除了問卷之外——基本上都是建立在人類的互動上。

　　然而還有其他的一些研究方法是不需要人與人之間的互動，卻能提供資料蒐集與分析的交互式方法。這些研究方法需要民族誌學家們張大他們的眼睛與善用他們的耳朵。從一些研究場域內的蛛絲馬跡到民間傳說，這些非介入性的研究方式使得民族誌學家們可以從實體性的證據中刻劃出社會性與文化性的推論（Webb, Campbell, Schwartz, & Sechrest, 2000）。

冰山一角

　　outcropping是一個地質學術語，是指岩床中可以看得見的一部分——換句話說，就是露出來的東西。露頭在城中貧民區的民族誌研究中，包括了摩天大樓、毀損的房屋、塗鴉、街道式的尿臊味、被丟棄垃圾的庭院、勞斯萊斯轎車和校園中的注射器。研究者可以由一個地區的露頭很快地估量相對的富有或貧窮。起始的推論是可以不需要任何的人類互動。然而，這樣的線索本身也可能是誤導方向的。一間擁有所有現代設施與想像得到的奢侈品的房子可以顯示出富有的信號，或是瀕臨破產邊緣的金融過度擴張者。研究者必須在一個更大的背景中訂出所有的露頭。一個破碎的注射器，是在醫院的地板上還是在夜晚時分的小學校園，有不同的意義。在城中貧民區學校的牆上，有沒有塗鴉都是很重要的。

　　一個年輕的女學生穿著兔毛外套、可展露身材的緊身洋裝、高跟鞋，以及戴著好幾層的珠寶到校上課。她的衣服讓人聯想到老鴇與賣

淫的可能指證（她在這活動中牽涉到有利可圖的行為，之後由校長和在一個自發性、巧合的會議中遇到的保釋官所證實）。

Kirk和Dee穿著別有特別徽章的夾克，清楚的顯示他們有加入幫派。我最後才知道，他們其中只有一個人有加入幫派，另一個年輕人則是穿他兄弟的夾克。

當一些昂貴且無用的建築物出現在一個缺乏基礎建設的城鎮區域時，便呈現了特殊的意義。這個線索暗示了這可能是個政治酬庸、差勁的城鎮規劃，和／或是錯誤的資源分配。當研究場域是發生在一個南非的違建非法聚落時，一個南非女人站在她樸素的家門前的畫面便呈現了極大的意涵（見**圖3.4**與**圖3.5**）。它呈現了一種關於貧窮與不公的政治聲明與陳述。

外在背景經過時間而改變，也會顯示出一些事情。舉例來說，一個街區毀損和空房增加，暗示了這是一個腐朽的地區。相反的，一個

圖3.4　違建非法聚落的女人

圖3.5　南非的違建非法聚落

地區重新裝潢與恢復生機的房子變多，可能暗示著上流階級的進入，就是說富有的投資者接管了這地區。教室的牆上卓越地展示了當代複雜的研究計畫，使人聯想到這教室的活動和學習。學術和運動的獎品是這地區表現的方法，也是學校榮譽的表徵。田野調查者必須小心地估定這些充足的資料，但是不應該忽視或者視為理所當然。

書面與電子形式的資料

在有文字的社會中，書面文件是最有價值與節省時間的資料蒐集形式。在辦公室生活的研究中，我發現過去的報告、備忘錄、職員和薪資帳冊的資料是無價之寶。任務聲明書與年度報告提供了組織的目的或定期的目的，並暗示了組織內部想對外呈現的印象。內部的評價報告指出關切的範圍。預算告訴我們許多有關組織的價值。電子的傳遞與資料庫告訴研究者一個組織的現今地位，並讓使用電腦的民族

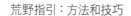

誌學家來做資料的假設遊戲。舉例來說，民族誌學家可以交換或替代某部門的整版圖表，來決定不同假定和情況之下的影響。電子郵件（electronic mail）比一般信件的限制要少，因此顯現出辦公室的內部關係、勢力範圍與不同的權力鬥爭。

學校的資料告訴我們這間學校的過去、現在與將來的計畫（或至少標語會說出學校的目標）。課業計畫、家庭作業、論文和報告卡（或是其他這裡沒有談到的東西），都顯示出有關老師、學生、家長及管理者的資料來源。教育委員會和教職員的會議記錄提供有效的追憶資料。田野調查者需要獲得允許接近這些記錄的機會，特別是較敏感的資料。然而書面記錄都是存放在老舊的檔案櫃或是隨身碟中，主要架構可能是很驚人的。適當的使用這種資料可以讓民族誌學家節省掉好幾年的工作。

人際距離學與動作學

第2章中已經簡短的討論過人際距離學與動作學，解釋了在微觀和巨觀研究中的不同。簡單來說，人際距離學就是分析社會定義之人與人之間的距離，而動作學是著重於身體語言（Birdwhistell, 1970; Hall, 1974）。學生和老師保持身體上的距離，可能會覺得彼此間的關係很微弱。在美國文化中，一個推銷員對未來的買主說明一個產品，彼此的距離是在兩呎之內的話，是非常可能闖入買主感覺上的私人領域。有技巧的使用這樣的闖入可能可以壓倒買主並做成買賣，但更有可能的是嚇跑顧客。開會時座位的安排具有社會意義。在對輟學生的審查小組會議中，嘗試要控制會議的有力中間人坐在桌子的一

端，而他們的對手坐在另一端以建立他們的勢力範圍。會議中的座位
改變是權力和忠誠度轉移的證明。訪談者與受訪者之間的相關地位和
社會距離，可以以訪談中彼此的身體距離作為證明。訪談過程中，訪
談者一直坐在桌子的一邊，或是走到桌子的另一邊坐在受訪者的旁
邊，是發出不同訊息的。這樣的座位安排可能顯示出訪談者具有支配
性或是從屬關係的感覺，或是在這種充滿壓力的社會場合中，表示出
訪談者的舒適或不舒服的層次。田野調查者應該記錄這樣的觀察，並
且──和本章提過的其他技巧一起──將這樣的結果放在一個更大的
背景之中來詮釋，並與其他資料做交叉檢查。

在民族誌的研究之中，對身體語言的敏感度也是一項重要的工
具。緊握的拳頭、書桌上學生的臉、指導者臉上的謙遜表情、一個滿
面愁容、一陣的臉紅，一個學生坐在椅子的邊緣眼睛緊盯著課堂講
義，還有其他的身體表現，為田野調查工作提供了有用的資料。在這
樣背景之下，這樣的資料可以引出假設，部分是可疑的部分，再加上
另一層次對田野調查的理解。

傳說

傳說對有文字或是沒有文字的社會都是很重要的。它們是民族精
神或是一種存在方式的結晶。文化通常用傳說來傳達重要的文化價值
和訓誡，從這一代傳到下一代。傳說通常著墨於熟悉的環境，並描繪
出和當地相關的背景，但是故事的本身卻只是外表而已。在薄薄的外
表之下是另一層意義。這內層顯示出故事潛在的價值觀。故事讓民族
誌學家洞悉人們的非宗教性與宗教性、知性與感性的生活。

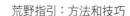

聖經故事和傳說在以色列被用來加強某種國家價值。同樣的，在美國有關喬治華盛頓與他父親的櫻桃樹傳說也是用來對小朋友和大人灌輸某種價值。社區中對輟學生的傳說，顯示了社區中的人如何看待輟學生的證據。學生們對幫派分子的傳說，可能指出學生們對幫派的態度與參與度。

傳說在所有的背景中都會出現。在一個對醫院藥局的研究中，我發現傳說對一個文化來說具有情報性。醫院藥局中最嚴重的財務問題是收入的損失。我由聽到而且深入一個從傳說得來的資料，就指認出一個運作上的大漏洞。在聽說醫療人員會交換有關病患檔案的「戰爭」故事後，我了解到某部門將檔案儲藏了好幾年。其他的故事描述為了擁有一些敏感的（和有財務價值的）檔案，而和醫療部門打起戰爭。我知道醫療部門在檔案櫃之後還有些陳舊的檔案。這樣的故事一直被用來安撫員工：他們有一個陳舊的、勞力密集的現有系統，沒有辦法說服管理者增加員工或是讓整個系統電腦化。這樣的傳說加強了他們的次文化信仰，相信他們是在一個大而昂貴的機器之中，是被壓迫和忽視的一群。這些故事一點都不是事實。這陳舊的現有系統要對明顯的收入損失負責。他們並沒有足夠的員工可以整理檔案（將醫療處方給病患並收取費用），或是去掌控所有的工作，因此有些檔案一直堆在那裡一直到過期而不能向病患收費。管理者也用相同的傳說當成是替身的機制來加強不適當的想像，並責怪這部門的損失。這傳說引出了重要的對組織內部適應不良行為之觀察。

急診室中有關努力救活病患的英雄式傳說，在特別艱辛的情況之下，維持了醫師和護士的道德。傳說也形成了急診室管理部門的行為模式。有一次我和一個急診室員工聊到有關督導的傳說。這個急

診室督導有評估醫師和護士每一筆旅遊補償的好名聲。我和這個督導很熟，知道他不會有時間評估任何財務問題──他都是移送給一個助理，一位在急診室中只專注於部分收支的人。然而有關督導的嚴謹控制，對整個系統發出一個象徵性的訊息，即管理者十分注意細節地管理所有的資源。這傳說影響了瑣碎的問題，像是急診室中的旅遊補償或是基本的醫療行為。再重申一次，在形成行為模式時，知覺到的真實是比所謂主觀的真實來得重要〔參見Fetterman（1986g）有關這研究的詳細內容，主要是探討管理和財務上的問題〕。

這章所有討論到的方法和技巧在民族誌研究中都會用到。它們互相加強彼此。就像是概念、方法和技巧引導民族誌學家穿越人類存在的迷宮。發現和理解是民族誌學家努力的動力來源。接下來的章節將探索一個範圍更廣的有效工具，讓民族誌學家更有效而愉快的深入時空去探險。

注釋

1 這時我決定專注於編目單位，並詢問下列結構性的問題：「什麼樣的圖書館員在裡工作？」兩種特別形式的圖書館員變成這討論的焦點：原始編目和副本編目。在這樣的背景下，一個很自然的特質問題是：「這兩種編目有何不同？」這問題引出帶有情感的討論，是關於他們的日常生活根本是不相同的，這兩種職位所需的訓練有多麼不一樣，以及這兩種圖書館員付出的知能有何不同。我知道了副本編目是如何運用現存的編目資料來做他們的工作，而原始編目必須先翻譯這本書，再循著編纂法則和規律的迷宮來完成任務。經過一些徹底調查，原始編目告訴我他們覺得管理者是多麼不在乎這些差異，這樣的感覺是建立在新的「生產」標準上──他們每天被期待著要處理好多少本的書。原始編目解釋他們感覺是在一個死氣沉沉的行業裡工作。他們解釋說每本新書都已由國會圖書館編目好給副本編目，而他們是負責編目國會圖書館「接管」的舊書。很多原始編目相信他們只是為了工作而工作。這種文化的知識是無價的，嘗試著了解複雜組織之內的工作情形，包括壓力和負擔。

2 報導人（informant）這個術語源自於在殖民背景底下的人類學研究工作，特別是先前被大英帝國統治的非洲國家（Evans-Pritchard, 1940, 1951; Pi-Sunyer & Salzmann, 1978, pp. 451-453）。這個術語也給人暗中祕密活動的想像，這與民族誌的方法並不相容。

加速前進：
民族誌的工具

在平地，拐杖讓我走路時得以維持一個輕鬆的節奏。而當我停下
來站立凝視時，拐杖則讓我依靠。

——Colin Fletcher

筆記本、數位錄音、電腦、PDA、相機、攝影機所有這些民族誌
研究的工具——僅僅是研究者本身的延伸，協助研究者記憶與延展其
視野。然而，這些極為有用的設備，可以協助研究者獲取民族誌研究
過程中詳盡的觀察細節和研究場域中的氣味，幫助研究者整理和分析
這些資料。本章討論民族誌研究中可能會用到的設備與工具，從簡單
的紙和筆，到高科技的筆記型電腦和桌上型電腦，從數位錄音器材、
照相機到數位攝影機。對資料庫軟體、網路電話，以及遠距網路視訊
技術亦有所著墨。諸如網際網路工具，例如部落格、網路協作文件、
電子表單與網頁，皆反映了現今民族誌研究本身的協作性質。藉由這
些適當的工具，可以讓民族誌學家們在異文化的研究場域中有著愉
快、安全、多產且收穫豐富的旅程。

筆和紙

民族誌學家使用最普遍的工具就是紙和筆。藉由這項工具，田野
調查者在每次集會期間或之後的面談，做下重點的記錄，描繪出一個
地區的自然風貌，記錄出有組織的架構圖，並且勾勒出一個非正式的
社會網路。筆記本可以記錄最初的印象、詳細的訪談細節和初步的分
析。這種簡單的工具在課堂上被用來做各方面的筆記，而大部分學院

裡擁有大量使用這種工具的經驗。做筆記的技巧可以很容易地轉移到田野中。筆和紙有著許多優點：使用簡單、花費少和不突兀。然而在許多場合中作記錄是具破壞性、不合適或者危險的，像是觀察操場到葬禮中的毒品交易，必要時民族誌學家會立即在事件發生後運用訓練過的記憶來記錄訊息，一般是使用筆和紙。田野調查者在記錄筆記時，不能記錄下每一個字和一些社交情況細微的差別，因此很難和其他受訪者維持眼神的接觸，並且需要花許多的工夫去記錄一些易讀且有組織的資料。

數位錄音器材

　　民族誌學家們大多希望可以全心投入研究，與人而非工具一起工作。非常歡迎能讓民族誌學家免於像是筆和紙、筆記型電腦等記錄設備的工具。數位錄音器材（數位時代的錄音機）可以民族誌學家們處理冗長的、非正式的，或是半結構式的面談採訪，而不受限於手動記錄方式所造成的不便。數位錄音可以有效地做逐字記錄，因而研究者在採訪時可以保持一個自然順暢的對談，這點對於田野調查而言是相當重要的。此外，數位錄音資料可以進行反覆分析，亦可於數位採訪資料建立語音索引，在選定的段落建立標籤，以方便後續資料的調閱、分析與撰述。然而在所有情況下，田野調查者在使用數位錄音做資料蒐集時，都應該小心地，並在獲得受訪者同意下使用。數位錄音器材有時會造成某些人在訪談時無法自由發言。有些人可能擔心他們的錄音發言會被認出而遭到利益衝突者的報復。研究者因而必須向受

訪者保證他們的訪談資料是受到保護而不致外洩的。有時使受訪者逐漸適應數位錄音器材的使用，可避免不必要的緊張情況。我通常一開始先使用筆和記事本，接著才向受訪者徵詢，因為寫字速度無法逐字記錄所有訪問內容，訪談是否可以切換成數位錄音。每當碰觸到受訪者認為是敏感話題的主題時，我亦會停止數位錄音。對此類受訪者要求的快速回應顯示了民族誌學家對其研究場域的敏感性和完整性，並強化了研究者與參與者之間的連結。數位錄音器材也是一種打破僵局的好方法。好幾次，我利用數位錄音錄下學生的演唱並回放給他們聽，接著才詢問關於他們就讀學校的相關問題。在小組訪談中，我會要求學生們假裝他們是受訪的名人，並輪流用數位錄音器材介紹自己。這種做法往往可以使他們渴望參與討論，並使得錄音器材不讓受訪者覺得反感。這個方式也使得我能在結束訪談許久之後，仍然能夠準確地識別每個參與者的錄音資料。

然而，數位錄音的研究方法仍有一些隱藏的成本。將錄音轉錄成文字記錄是一個非常耗時和繁瑣的任務（甚至只是將數位錄音資料傳輸到電腦上）。當聆聽訪談資料的原始錄音時，其需要與錄製訪談資料本身一樣多的時間——幾小時的錄音資料便需要幾小時的聆聽時間。這使得民族誌學家可以「更貼近研究資料」，使其能在這些資料中辨識出潛在的研究主題與模式，而這些結果是不了解這個研究場域的語音謄寫者將忽略或是無法發現的。然而，若經費允許，小心挑選的專業謄寫者可以幫助研究者快速完成這個沉悶的研究步驟（Carspecken, 1996, p. 29; Robinson, 1994; Roper & Shapira, 2000）。語音識別軟體（將語音資料轉成文字資料）對此類研究的價值不大。因為語音識別軟體通常是設計用以辨識單一個人的語音，而非設計用

於民族誌學家一對多的採訪工作。然而這方面的發展目前仍在進步中。

　　錄音資料的語音謄寫者必須對被訪談者所使用的語言、方言和俚語相當熟悉；必須知道要標注——而非粉飾——無聲或無法辨識的部分；而且必須以價值觀中立並與前後語意相關的方式謄寫。我有一位語音謄寫者相當熟悉黑人英語方言，而且正是我手上一份錄音資料轉錄所需。她來自一個中低收入的黑人家庭。不幸的是，她認為黑人英語方言是格調低下的，而她不願那些社經地位較低的黑人學生表現出那種她認為丟臉的形象。因此，她修飾了他們的對話，從而讓這些談話資料看起來像是白人中產階級的對話。由於這些訪談是我親自指導的，我也相當了解那些我所採訪的學生，因此我立刻意識到了這個問題。我解釋了為什麼我需要這些逐字謄寫的資料。然而我的語音謄寫者仍然在繼續的工作中刪除了那些學生在謄寫資料裡的咒罵詞句。由此我們可以證實，價值觀的角色即使在民族誌研究的面向上，對整個研究程序而言也是一個極重要的環節。

個人數位助理

　　個人數位助理（PDA, personal digital assistants）是一種設計用來發送和接收文字信息、電子郵件和照片的掌上型電腦工具。也可用來計時、做筆記、建立待辦事項清單、網際網路搜尋、於旅行時用以導航方向和提供地圖資料、維護行事曆、同步文件資料，甚至撥打電話。民族誌學家越來越依賴PDA對行事曆做組織和排序，使用它來溝

通，並且以其在田野調查中分享初步對其正在進行的研究的見解與認識。我經常用我的PDA來維護行事曆，並與我辦公室的電腦同步，在旅行時提供導航資料，並使用其電子記事本與內建相機（以不冒昧的方式）來記錄我的觀察。我用我的PDA定期在美國史丹佛大學醫學院記錄他們的臨床教學情況。我用PDA記錄我的觀察，並拍攝醫學臨床訓練的照片（在取得允許的狀況下）。接著我將這些筆記和照片以電子郵件寄給醫學院的同事來驗證我的觀察和詮釋。同樣地，我在阿肯色州的研究團隊成員拍攝了上課時間在學校走廊遊蕩的學生照片，並將它們用電子郵件寄給我。這使我無論身處何處都知道現在正在發生什麼事，並且可以隨時對我所見的事物做追蹤記錄〔關於數位民族誌方法對了解消費者模式之應用，見Masten和Plowman（2003）〕。

GPS導航工具

全球定位系統（GPS）導航工具幫助了民族誌學家們在其研究旅程中踏出第一步，幫助他們到達目的地以進行面談與觀察。GPS導航系統通常內建在車內，或是如同PDA一般，也有手持的型式。如同網際網路地圖（於稍後討論），只須鍵入所需的地址，導航系統便可對其定位。然而，GPS導航系統也可一路引導你直達目的地（以語音導航，並可根據所在位置即時更新螢幕上的導航地圖）。在我相關醫學教育的研究中，我利用GPS導航系統前往鄰近城市的醫院。同樣的在我的農業社群的研究中也大量應用到這個工具。這些方法可以節省時間並減少焦慮感，幫助研究者在大多數情況下能精確的找到偏遠的社群或研究中的關鍵角色。

筆記型電腦

　　相對於筆和紙而言，筆記型電腦是一種重要的進步。筆記型電腦是一種輕便、可攜帶式的電腦，常被用於辦公室裡、飛機上，或者是田野之中。訪談時，我常使用筆記型電腦來代替紙和筆（在我一建立了密切的關係之後，只要它不會讓我距離研究的人太遠）。田野調查者在尊重對方的適當情況之下使用筆記型電腦，筆記型電腦可以說是現今許多工藝技術複雜的裝置之中最不令人感到突兀和讓人分心的。思考和分析的時候，筆記型電腦則可以省下很多的時間。而且筆記型電腦還大大地減少了每天工作完畢後還要將這些訪談筆記再一次鍵入電腦的需要。田野調查者只需要在訪談中或訪談之後將資料一次輸入電腦就可以了。最初的筆記也可以很容易的再擴充或修正。這些檔案可以利用外接的磁碟機、合適的軟體或高速的數據機，從筆記型電腦傳輸到個人電腦或大型工作電腦中。這些檔案稍後可與其他的調查資料合併，累積製成一份高度組織化（有日期和多方參考資料）的田野工作記錄。

　　筆記型電腦也提供民族誌學家一些機會，在評論分析資料時和參與者產生互動。民族誌學家可以當場與參與者分享、修正筆記、列出表格和圖。慣例上，我都會請求參與者看看我做的筆記和備忘錄，以增加我觀察的正確性，並且讓自己能感受到他們的關切。我們也製作柱狀圖和其他圖像一起呈現資料，在初步分析上做立即的交叉檢驗。筆記型電腦讓參與者提供立即的回應，利用電腦的許多功能，可以看到各種的可能性——譬如將圖上的一個群體移除，用另一個群體替

代，或者將各群體合併起來。民族誌學家可藉此由參與者的價值觀中學得許多的事物。這種結合的形式不管是否被參與者接受，都提供了一種有用的洞察力深入到參與者的世界之中。

　　筆記型電腦並不是萬靈丹，但卻真的可以節省時間和縮短研究。一位進行很多地方研究的民族誌學家，可以帶一台筆記型電腦到各地，並且利用電話數據機連到家裡的電腦上傳輸檔案。筆記型電腦也可以藉由間接的電子郵件系統來幫助從各地與研究中心聯繫。我經常將我的田野研究筆記以電子郵件附件寄出。藉由寄至自己的郵件信箱，不但可以備份我的工作，並可同時與同事一起分享我的記錄。分享這些研究記錄時，我會對研究數據做編碼，使用假名，並限制分享這些記錄以保護關鍵角色，並確保資料的機密性。

　　當然筆記型電腦如同其他的設備，皆有其缺點。任何機器皆可能發生故障，因此備份數據是至關重要但往往被忽視的。電池用罄，對於必須做長時間訪談或是搭乘飛機旅行時，購買額外的電池會是明智的選擇。田野調查者也必須了解電腦的作業系統和應用程式。他們必須能正確設定電腦，並使其能有足夠的記憶體和儲存空間以應付研究工作的需求。民族誌學家也必須具備足夠的耐心應付程式臭蟲、電腦病毒、因不同原因造成的處理速度變慢或電腦當機。桌上型電腦需要配備穩壓器；然而筆記型電腦也需要相同的設備保護機器本身與研究數據。我總是隨身攜帶一個小型穩壓器。而我相當慶幸在出發到南非工作前，我用了電子布告欄與同事聯繫。我的同事提醒我，我的穩壓器只能用在110伏特，而非洲的標準電壓是220伏特。這是一個寶貴的提醒：當我使用這個穩壓器保護我的電腦時，可能就把這個穩壓器給「燒掉」了。筆記型電腦的另一個缺點是，在某些情況下筆記型電腦

的鍵盤聲常會造成干擾或冒犯。然而在大多數情況下，花些時間讓對方逐漸適應，仍可以讓人不那麼討厭這些器材。事實上，筆記型電腦也可以是一個打破僵局的工具，協助田野調查者與受訪者發展出密切的關係，同時讓他們適應這些電腦器材。小心的介紹這些工具並將其帶進研究場域，筆記型電腦或其他相關設備皆可以大大的幫助民族誌的研究工作。

我在飛機上、會議中、親戚家中，甚至戶外使用筆記型電腦編寫與修訂本書。我在家裡、田野調查、辦公室裡，或任何旅途中皆使用這台電腦。他的電源供應與可攜性讓我在通常無法有效產出的時間地點皆能繼續工作。然而當筆記型電腦是唯一的工作平台時，將數據進行備份是極為重要的。當我的硬碟壞掉時，我慶幸我早已用了備份軟體將資料備份至外接式硬碟。我在晚間十一點使用備份軟體將電腦重新復原，而所有的資料在隔天早晨都分毫不差的出現在我的新硬碟中。

桌上型電腦

許多研究者使用筆記型電腦撰寫備忘錄，報告及文章；進行面談訪問；以及數據蒐集，再傳輸或發送檔案到桌上型電腦。有一些便於傳輸或同步文件的工具。然而，有越來越多的研究者完全省略了這個傳輸或是同步的工作，以他們的筆記型電腦作為主要工作平台，因為現今筆記型電腦已經與桌上型的大型電腦有同樣的效能，並且更為方便。

資料庫軟體

以往民族誌學家通常藉由篩選他們腦中和筆記裡的資料來尋找一定的模式。這種方法在研究中對於識別文化的大略模式與慣例是有效的。然而,它卻不能為研究提供有力的檢驗與不偏頗的結論。同時,從原始資料與記錄中篩選資料,以產生最簡單優美的假說將是相當耗時費力的。

資料庫軟體程式能夠讓民族誌學家進行大量的假設與推測,僅僅只需幾個按鍵(以及一些巨集命令——一連串已預先設定好的指令)來檢測各種假設。我使用過許多資料庫軟體來測試我對某些特定行為的發生頻率的了解,以之檢驗特定的假說,並且從這些數據資料中獲得新的見解。ATLAS.ti、HyperRESEARCH、NVivo[1]、AnSWR和EZ-Text等軟體中皆非常適合民族誌的研究(見圖4.1)。

這些資料庫程式可以協助研究者發展新的研究主題。此外,這些工具幫助了民族誌學家視覺化以及歸納資料,並分門別類到不同的資料類別中。FileMaker Pro、電子表單,以及類似的程式並不那麼適用於田野筆記,但是對較為固定的資料庫設定及操作,如姓名、地址、性別、種族、日期和時間便非常有用。但是當民族誌學家在其多面向的研究主題與田野調查中,了解並需要討論更多面向與參數時,內建的固定資料欄位就無法隨之增加〔關於質性資料庫分析軟體之細節,見Weitzman和Miles(1995);亦可參見Friese(2006);Hardy(2009);Lewins 和Silver(2007);O'Reilly(2005)〕。

許多功能強大且靈活的軟體系統,對於那些願意學習使用這些系統的人來說是很有用的。但是,為了使用這些軟體系統,仍然需要花

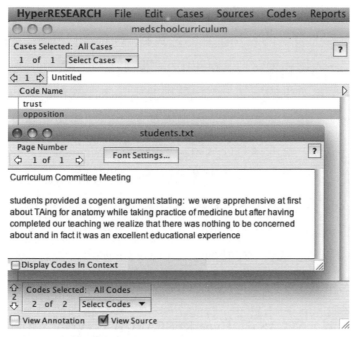

圖4.1　質性研究資料分析軟體

費不少時間心力。在經驗法則上，研究者應該記住無須小題大作。選
擇最簡單與合適的程式工具來完成所需的研究即可。資料庫軟體的選
擇應該根據研究主題或其目的，以及使用的便利性為準。大多數的程
式讓民族誌學家能夠對資料進行分類與比較，而有些程式則可以做最
簡單的排序比較，亦可以幫助研究者發展他們的理論。有用的資料庫
軟體必須能夠處理大篇幅的田野筆記和逐字引述。大多數的資料庫內
建有限且固定的數據資料欄位。而最有用的質性分析軟體則允許民族
誌學家在分析的過程中可以修改編碼系統，而且在最初的資料輸入
後，還能夠改變文字段落邊界和重疊編碼的部分。

　　資料庫程式也幫助我進行許多傳統的田野調查研究。在能源部直

線加速器設備部門一項健康和安全的研究中，資料庫是不可缺少的。
我將這個部門發生的意外記錄輸入資料庫中。按照慣例，我輸入時
間、日期、人物和地點到資料庫中，同時我也輸入意外的形式，並且
研讀每個個案發生的細節，然後再根據相關事件的行為來為每個意外
分類。舉例來說，一個因為抬舉東西而發生背部扭傷的意外我把它輸
入到資料庫中。我並沒有從身體受到傷害的部位之記錄發現任何重要
的意外形式。然而，當我藉由尋找跟意外相關聯的行為來測試資料庫
時，一些清楚的形式就顯現出來了，其中包含了抬舉、減除、移動和
提帶物品。除此之外，在分類的過程中，也辨識出了具有意外傾向的
個體和暗示了錯誤的工作狀態。這個過程需要花費電腦一些時間，但
若我自己用手工來分類、再分類的話，則需要數個禮拜的時間，這在
我自己時間的估算中是不允許的資料庫提供了有用的慣例資訊，例如
意外的形式、十年來的頻率、受傷者、行為和最嚴重的受傷部位。資
料庫也形成了更新、更有用的觀念，這樣可以使各部門更有效的集中
他們安全訓練的資金在正確的對象上，包括那些不斷地受到意外的
人。健康安全官員設計了新的教育計畫來註記跟意外最有關聯的行
為，並且列出危險的工作狀態。同時用一種不具威脅性的背景來分享
這些資訊，也加強了我和設備人員的關係。

　　在另一項教師教育計畫的研究中，我和我的研究小組成員把訪
談的資料輸入到NVivo2（前版為NUDIST），並在其中確認發現了一
個令人驚奇的模組———一個之前未發現的二階教職體制（two-tiered
faculty system），其在地位與經濟保障上有顯著的差異存在。在同一
研究中，我還嘗試使用資料庫系統來編排目錄、做資料敘述，和整理
數位相片資料庫。

相機

　　相機，特別是數位相機，在民族誌當中占了一個特別的地位。它可以當作是一個「開罐器」，讓人可以快速地進入一個社會或班級當中（Collier & Collier, 1986; Fetterman, 1980）。在大部分的工業團體和許多非工業群體中，相機是一種眾所皆知的商品。我使用相機來幫忙建立和人群立即的熟稔。相機可以拍出一些照片，而這些照片對一些主觀的技巧或工具本身有很大的作用。不過，以它們來證明田野的觀察是最有用的。

　　相機記錄了某一時間的人群、地方、事件和環境。它們讓民族誌學家製造出特殊行為的影像記錄。在研究輟學生計畫的期間，我記錄了學生們隨著態度改變而導致衣著改變。相機可以捕捉朋友間心領神會的時刻，或者對照出一些小孩子在大熱天裡快樂地在消防栓所噴出的冷水中跑進跑出，而這情景是發生在一些貧窮、破舊骯髒，或是雜亂的街道中。在這個輟學生的研究中，我記錄到了物質上龐大的對比，也就是經濟上懸殊的證據——在紐約的曼哈頓區（Manhattan）和布魯克林區（Brooklyn）之間：華麗的聯合國大樓（United Nations building）、聖帕特里克大教堂（Saint Patrick's Cathedral）、卡內基廳（Carnegie Hall），以及布魯明戴爾（bloomingdale）之間並列著一些過氣的建築物（見圖2.3），有著碎石堆（見圖2.2）、塗鴉、垃圾、碎玻璃、毒品巢窟、黑市交易以及聖靈降臨教派小教堂的街區。如同Collier和Collier（1986）所解釋的：

攝影在觀察中是一種正統的摘要過程。它是精練證據的
第一步，而精練證據是回到資料的原始情況使其再研究分析
時易於管理。攝影在材料的真實性上可以做精確的記錄。它
們也是可以被歸檔和交叉存檔，就像可以動態描述的文件一
樣。攝影的記錄可以在視覺方面無止盡的複製、放大或縮
小，以契合許多的圖解和圖表，如此可藉由科學的研判利用
於統計學的設計上（p. 5）。

我利用了三年的時間拍下了一棟建築物每一個可以看見的地方來
記錄一個城市深處鄰近地區的衰敗。這些照片生動的說明和表現「縱
火」（見圖2.3）這個日漸成長的問題。這些文件和一些田野調查夥
伴的筆記比較中特別有用。在這個研究中，我和另一位研究者對於我
們在鄰近地區的意見描述有些分歧。其他的觀察者認為這個地區還在
一個合理的狀況之中；可是我認為這裡已經嚴重的衰敗並且繼續惡化
當中。然而，我的同事則一如往常的直接搭計程車到學校，並沒有花
時間在這些鄰近地區上。我則特別重視在到達學校之前，要花許多時
間在這個地區上。以作為記錄而言，我的相片是令人注目的。這些照
片被歸類，並且在每張照片之間以及地圖的位置上做交叉的參考，此
外還隨著時間衰敗的嚴重度來製成表格，於是不同的意見便很快地消
除了。

攝影是一種記憶的裝置。在分析和寫作的時候，照片可以記下大
量田野調查者記不得的細節。藉由最初捕捉的文化場景和片段，照片
可以允許民族誌學家再回來解釋這些事件，並且製造僅有的第二次機
會。還有，相機常常會在底片上捉住一些人類眼睛沒有注意到的細

節。雖然相機是主觀眼睛的延伸，但它也可以是一個客觀的觀察者，不須依恃田野調查者的偏見和期望。一個影像的記錄可以提供一些當時田野調查者所沒有注意到的資訊。照片在教室裡和廣告客戶的會議室裡都是絕佳的教材。在教室裡，數位攝影可以具體的使學生熟悉他們沒見過的其他世界，並且對於證明特殊的方法和理論是有用的。數位攝影對於教育研究的贊助者也是有用的。行為和位置的代表照片可以是令人注目的。我的「城市深處」照片——一個輟學計畫的背景——給了基金會一個深刻的印象，在測試分數和描述上有了更深遠的影響。贊助廠商可以體會得更清楚，並且了解這間學校必須克服萬難繼續經營下去。他們隨後可以領會到學校中學生在考試成績中的得與失。

田野調查所需要的標準攝影器材包括一台數位相機、長效電池、連接線，以及可以剪裁與調整照片的軟體。市面上提供了各式各樣規格優良的數位相機，也有一些昂貴但非常高質感的數位相機。我通常使用的是一台輕巧小型的高解析度數位相機，它可以在低光源的條件下工作，以減少各種對研究工作的干擾。此外，我也利用數位相機傳送資料照片至網路上。

田野調查者應該選擇合適的器材契合自己的喜好、個人的能力或專業技術。至於其他種類的配件也是很容易取得的，從三腳架到閃光燈，從記憶卡到電池。然而，選擇器材的目的是要滿足自己田野工作的需要，而不是要造成自己一些技術上知識素養的不足。只要小心的保養，一台現代的相機通常都能夠使用一定的時間。工業技術的發展會持續地使攝影進步，但並不會使相機的運用在田野調查上變得落伍。

　　電腦軟體程式可以依照數位照片與影像的類別或主題，整理並建立各別的「文件夾」。同樣的，具有網路儲存功能的照片整理程式，如Picasa和Dropshots，可以使研究者簡單地在網路上與同事和工作團隊成員們整理與分享照片與數位影像。這類軟體也可以用來製作數位投影與數位影像，利用照片資料以「闡述一個案子」。我為我的研究計畫製作了許多這一類的影片，並發表在部落格與網頁上。這些軟體程式可以幫助記錄關鍵事件，與其他無法參與會議的人分享研究計畫案，也讓研究成員們有機會發聲。它也是一種有用的投射技巧（projective techniques），特別在製作影片的編輯階段時，它可以幫助研究者們了解彼此的想法，並對這個案子提出意見與看法。

　　相機使用於田野調查上也是需要得到允許的。有些人對於被拍照會感到不舒服；有些人則是不願意被拍照。我在以色列工作時，許多團體有宗教上的理由不願被拍照，其中包括害怕靈魂會被吸走。這個問題含有個人的隱私在內：民族誌學家在跟人們的接觸中可能會進入他們的生活，但卻不應侵犯到個人的隱私。攝影通常是一種侵擾。人們通常會自我意識到他們自己的表現和關心他們的照片會如何和在哪裡被看到。通常只要當事人口頭上允許就足以拍照了。然而，若是要將照片在公眾場合公開展示，則需要書面的允許。雖然擁有口頭或書面的允許，民族誌學家還是要運用判斷能力來選擇合適的展示場地。

　　相機也有它的問題。不適當的使用相機可能會惹惱人們、破壞密切的關係和降低資料的品質。相機也可以曲解事實。一個技術好的攝影師懂得運用角度和陰影來誇大一棟建築物的大小或者削尖一個人的臉蛋。同樣的技巧可用來製作一張曲解個人行為的照片。舉例來說，許多的惡作劇原本是模仿肢體上的侵犯，但若在適當的時間和角度

按下快門，就容易讓人聯想到這是真正的暴力行為而不是原本的惡作劇。若除去了一個事件前後的關係，照片就像文字一樣地會令人迷惑。田野調查者必須小心地拍攝人們的行為，就像小心的記錄訪談後的評論和利害關係那樣。在照片變得有意義之前，以及民族誌學家可以做一個正確和有系統的模式記錄之前，時間對田野調查者而言是必須的。攝影可以幫助觀察者了解一個文化的模式，但在這個文化的基本原則和規則被理解之前，只具有初步的概念時，是不應該用任何方式來描繪它的〔企圖曲解，就像數位照片做不適當的拷貝或修改，都是不理會事實的證據。參見Becker（1979）對於攝影和正當性威脅的絕佳討論。亦可參閱影視人類學學報《視覺人類學》（*Studies in Visual Communication*）和《影視人類學回顧》（*Visual Anthropology Review*）期刊〕。

數位攝影機

數位攝影機的記錄在小型的民族誌研究上是相當有用的。民族誌學家通常有片刻的時間來表現出手勢、個人的姿勢，或是步伐的姿勢。攝影機提供觀察者凍結時間的能力。民族誌學家可以用數位攝影機錄下一個班級的狀況，而且一遍又一遍地播放，每次都可以從老師對學生、學生對老師和學生對學生之間，發現新的意義層面或非肢體的訊息。因此視覺和肢體的溝通模式就會隨著時間越來越清楚。

幾年前，我和一位同事利用數位攝影機負責一項兩個高中班級歷史課的研究。其中一個班級明顯的是由一些中低收入階層家庭的學生

組成；另一個班級則是相同的老師，但主要由白人中上階層家庭的學
生組成。我們在教學的形式上和教室的氣氛上觀察到了顯著的不同；
在我們使用數位攝影機之前，要為這個不同來建檔是相當困難的。錄
影幫助我們理解兩間教室裡所發生的事情。使用攝影機之後，我們可
以辨認出老師慣於徵求意見或大吼要學生閉嘴等的特殊行為。錄影也
幫助我們辨識出老師對學生微妙的暗示。

　　數位攝影器材在小型的民族誌研究中是必要的。警衛守門
（gatekeeping）的程序（Erickson, 1976）和教室裡的派別關係
（McDermott, 1974）都是複雜的社會情況元素，而田野調查者可以
用數位攝影機將它捕捉下來。然而，田野調查者必須先清楚地知道要
拍下的資料所具有的價值，再來比較器材的花費和所需的時間長度。
許多民族誌的研究在社會寫實方面都沒有用到細膩的影像。除此之
外，使用攝影器材的花費也是很重要的考慮。這些器材可能相當突
兀，但有許多恰好可以握在手中。即使花了不少時間在這兩個班級的
歷史課上，不管有沒有用到這些儀器，我們都因為相機的關係而得到
了許多的鬼臉和故做的姿態。

　　使用攝影器材最危險的就是目光狹窄。理想上，民族誌學家最好
能夠長時間研究這些社會群體，這樣才知道焦點在哪裡。民族誌學家
在決定焦點要放在哪裡之前，需要幾個月的時間來培養對特殊行為合
理清晰的觀念。數位攝影機可以聚焦在某一特定的行為上，而將教
室裡其他的行為排除在外。如此一來，民族誌學家也許對特殊的教育
機制有清楚的解釋，但對於其在課堂上所扮演的真正角色並不了解。
除此之外，這項技術會加重一個問題，也就是看見我們所不想要看到
的。在這歷史課的研究當中，我在教室後面錄影，記錄到了學生們傳

紙條、睡覺，和一名學生在教室前面做騎馬的姿態跑來跑去的情形。我的同事對他做的筆記和我的錄影帶做了比較，並說在相同的教室裡，他記錄到了一樣多的學生卻是專心在上課。像這樣交叉檢查和其他技巧，就像請老師或學生重看一次這卷帶子一樣，有助於修飾和確認我們的結果是有效的。然而，這個經驗也提醒了我們，讓我們知道在錄影的情形之下，我們會多麼容易變成什麼模樣，這是在照片中所看不到的東西。而經驗告訴我們方法來減輕這些問題的嚴重性，例如，週期性地左右轉動攝影機的鏡頭以避免一些無心的過度對焦。

儘管許多視覺媒體，特別是數位攝影與數位錄影之間有所區別，但它們之間的界限變得越來越模糊。我經常製作許多數位照片和數位錄影結合的記錄資料，並以敘述口白與無版權使用限制的音樂作為背景音軌，來傳達一種文化上適切的並且有意義的情境（http://www.davidfetterman.com）。

電影與數位錄影

電影的使用在民族誌研究上目前還很少見。在民族誌裡，電影主要呈現出來的是文化群體結果的畫面；而不是研究者用來安排畫面的工具。和製片者、編劇一樣，電影所需的專業技術和花費都是要強調的重點。然而，隨著諸如iMovie、iPhoto與Windows XP Movie Maker這類應用軟體的問世，任何民族誌學家皆可製作影片以及高品質的電影。Final Cut Pro是一個為專業工作者設計的、更為先進的數位錄影編輯軟體。民族誌學家可以製作「草案」影片，用以測試個人對其所

表達的社會情境的了解，這個方式就像一個草案章程，同時也是一個投射技巧。可以與被拍攝的社群成員合作，共同以影像記錄事件，並與他們一起編輯影片。這個方式能大大增加最後成果的正確性，因為關鍵消息的提供者／演員與民族誌學家共同創造了這個文本的意義。

從實際的記錄時間順序到被記錄事件的真實性，民族誌影片皆有其嚴格的規範。Heider（2006）建立了一套對「民族誌性」影片的規模與判斷〔亦可參見Aldridge（1995）；Lewis（2004）；Rouch和Feld（2003）〕，屬性維度包括許多變因，諸如民族誌的研究基礎理論、其與紙本出版物的對應關係、對受訪者整體行動的記錄、對受訪者完整肢體行為的記錄、對失真記錄的解釋、拍攝的技術能力、敘事是否適合、民族誌的呈現、語境、對社群整體的記錄、電影製作過程對記錄所造成的扭曲（包括時序與連續性）、無意造成的影像記錄扭曲，以及有意造成的影像記錄扭曲等等（pp. 46-117）。大多數民族誌學家皆同意民族誌影片相較於紙本記錄或民族誌本身仍屬於補充形式的資料，而非取代性的〔關於在民族誌研究中使用相機、攝影機與電影製作的補充資訊，請參見Bellman和Jules-Rosette（1977）；Collier和Collier（1986）；Erickson和Wilson（1982）；Hockings（2003）；Pink （2006）。視覺人類學學會於http://societyforvisualanthropology.org/ 網站亦提供了與本主題相關的最新資料〕。

網際網路

網際網路的使用對民族誌學家來說是可利用的最有效益的資源之一。網際網路可以用來搜索特定的主題、為研究地點建立地圖（可以

是街景或衛星）、分析人口普查的數據、透過「聊天室」或視訊進行訪談、與他人分享研究地點的筆記與照片、在學術論壇和線上期刊上與同事討論，以及下載有用的資料與分析軟體等等。網際網路是一種全球共通使用TCP/IP協議的全球互連網。然而，對大多數的使用者來說（包括民族誌學家、其他領域研究人員和學者），網路的主要功能是寄發電子郵件和使用全球資訊網（WWW）。前者對於這本書的讀者來說可能很熟悉。而在1993年還不曾為人所知的WWW全球資訊網，如今在全球文化中已是不可或缺；曾經不起眼的「http://」符號，現已是隨處可見。WWW全球資訊網是經由網際網路傳輸檔案（文字、圖表與音頻）的標準化方法，人們可以藉由網頁瀏覽器連接到網路，以獲取這些生動並吸引人的資訊（網頁）。

當本書1989年第一次出版的時候，結論是寫到這裡。諸多我們所使用的工具中，鉛筆就如同亞述人的楔形文字碑一樣古老。照相機與電話也有超過一百多年的歷史。然而在1989年時，WWW全球資訊網並不存在。在本書1998的版本中，我曾提供一些可使用的網站列表。但是隨著與民族誌研究相關的網路資訊、程式與應用軟體的快速發展下，其質與量已經呈現指數倍增的增加，本書的出版已經幾乎無法跟上最新的訊息與資訊。所以，我選擇持續維護與更新我的網站，讓民族誌學家們能得到最新的資訊與網路資源的連結。你可以利用瀏覽器連結http://www.davidfetterman.com或鍵入關鍵字"ethnography"獲得最新的訊息。

然而，這裡仍有幾項便於民族誌研究工作的重要工具值得探討，包括網路地圖、網路電話、視訊會議、網路問卷、文件共享、數位照片檔案共享、部落格，以及協作文件處理、線上表單和個人網站。

網路地圖

　　網路地圖是一種線上地圖，如Google地圖，使用者只需要鍵入欲參訪的街道地址，便可以提供方向指引，並提供當地的街道景觀與該地區的衛星圖片。Google地球更提供了世界各地的衛星視圖。這些工具使得很多當地的訪問工作更加容易與有效率。

網路電話

　　網路電話軟體，諸如Skype和Jajah，可用撥打免費的網路電話。民族誌學家經常使用這些工具，與同僚或田野調查中的關鍵角色談話，而不用支付長途電話費。這也是一種與社群成員保持聯絡時可以免費或較為便宜的方式。

遠距視訊會議技術

　　遠距視訊會議技術可以使分隔兩地的群組彼此看到和聽到對方。有許多免費或便宜的應用軟體，包括Google視訊聊天（Google Video Chat，是gmail服務其中的一個功能）、iChat、iVisit和Skype，皆可在網際網路上提供遠距視訊的功能，而且不需衛星電話或長途電話費用。只需要安裝軟體，並把一個便宜的數位攝影機連接在個人電腦上，個人便可以藉由電腦螢幕與任何其他有同樣配備的使用者開視訊會議。在第一次面對面訪談並與受訪者建立互信關係後，我便使用遠距視訊會議的方式進行後續的訪談和觀察。我也用這個方法來諮詢同事或我的研究團隊。大多數的遠距視訊軟體都會提供一個「聊天」視

窗，可以讓參與者鍵入即時訊息或留言給彼此（這在網路語音或是無線訊號連線品質不佳時特別有用）[2]。一些視訊會議軟體還提供「白板」功能，可以讓使用者在螢幕上的虛擬白板上繪製圖表。我常使用白板圖解我對某個調查場域中組織階層的理解，而關鍵角色便可以即時修正我的圖表，在白板上「刪除」和「取代」我所繪製的內容，並加入自己的意見〔參見Fetterman（1996a, 1996b）；欲知更多細節亦可參見Bonk、Appleman和Hay（1996）〕。

　　惠普公司（Hewlett Packard）在一項援助數位落差計畫案中贊助了一千五百萬美元的視訊會議器材（Fetterman, 2004a）。該項計畫案的目的旨在「減少數位落差」——援助資訊落後地區並減少城鄉差距，特別是在印第安保留區內外建立無線網路通訊設備。視訊會議技術在整個計畫案中扮演了重要的溝通角色。此外，藉由視訊會議技術，保留區內的印第安人部落和史丹佛大學民族誌學家彼此交流照片，也證明了這個計畫案是成功的（見圖4.2）。

圖4.2　作者在史丹福大學和印第安人進行視訊會議

網路問卷

　　網路問卷是諸多極為有用的網路工具之一。如同以往的做法，民族誌學家們可以徵詢在地社群成員們的意見並設計問卷。然而，不須如以往做法般的郵寄調查問卷，提醒受訪者完成問卷，再將蒐集的問卷逐步鍵入資料庫，新的方式可以極為簡單的完成以上提及的研究步驟。民族誌學家在當地社群的協助下設計調查問卷（以確認問卷是否貼近當地重要議題，並且其文字上可輕易的被當地受訪者所理解並回答）。接著將調查問卷發布在網路上。民族誌學家便可以連結到調查問卷的網路地址以電子郵件將其送出。受訪的社群成員收到電子郵件後便可以上網完成問卷並將結果送出（在回答所有問題後按下送出按鈕），而送出的問卷結果便可以按照事先的設定被分析，其分析結果便可以即時以視覺圖表呈現出來。藉由這個方式，調查問卷的分析結果也可以及時的與社群分享。這個方法有效的節省執行研究所需的時間，並可以將資訊分享給社群並協助他們的研究（見圖4.3）。網路問卷研究方法的一個爭議是，不是每個人都擁有網路資源，甚至有些人有電腦恐懼症。這些觀點值得注意。然而，即使有25%的人口拒絕使用這種媒介，民族誌學家仍可以使用傳統的紙本問卷方法，或是直接與其面談，再將其回答輸入資料庫。就算這樣，這個方法仍然節省了研究者們輸入其他75%受訪者的原始資料所需的時間〔關於網路問卷，請參見Best和Krueger（2004）；Ritter和Sue（2007）〕。

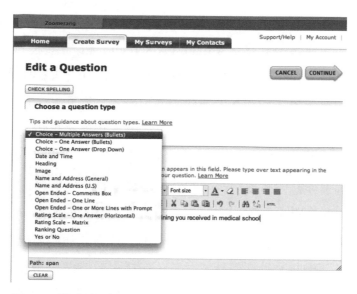

圖4.3　網路問卷設計選項

文件共享

　　我在網絡上建立虛擬辦公室和工作區，與同事分享備忘錄草案和報告。對特定主題的文件夾，可以在Web上創建，就像在個人電腦上一樣。他們可以在任何時間和從世界上任何地方，用有線或無線數據機連線訪問同事。這些文件夾有助於保持有組織、有管理的議題和意見。E-mail和群發可以達到同樣的目的，但會塞爆電子郵箱，難以檢索意見或參考文件。

　　文件共享也是一個便於在網路上傳輸文件和檔案的方式。文件傳輸協議（FTP）軟體，例如Fletch，可經由網路將文件和檔案傳輸到另外一台電腦。 Telnet、iChat和Teamview軟體則可以讓你經由網

路登入另外一台電腦，並使用該台電腦上面的程式與資料。我常使用iChat的「工作螢幕分享」（share my screen）和「遠端螢幕分享」（share remote screen）功能登入同事的電腦並在其上工作（在取得對方同意的情況下）。我也用Teamview將我的初步調查結果同時呈現給東岸的同事以及西岸的研究團隊。我利用這些軟體將我的電腦經由網際網路連接他們的電腦。我的東岸研究團隊則利用液晶投影機將我工作的電腦螢幕影像播放給西岸的同事觀賞。在早先的研究中，我們利用一個程式讓學生全天即時觀察一個科學實驗——觀察一個池塘在三個不同深度的即時觀測溫度圖表。利用這種方式他們可以隨時觀察數據，而且不需要改動任何程式設定，包括對於這個實驗和對溫度記錄的採訪，這些應用程式使得民族誌學家們可以隨時調閱與交換研究數據。

數位照片檔案共享

經由Picasa或Snapshot等網路服務，我們可以把數位照片儲存在網路上。民族誌學家往往在田野現場拍照後，再將照片儲存在網路上。接著邀請社群成員或研究工作人員或其他參與者加入網站以觀賞照片。這樣做是為了確保特定的照片只能被特定的授予權限者使用，如此便可分別地分享給社群成員以方便面談時使用，或是分享給另一個地方工作的研究團隊人員。這些檔案共享網站大多也提供編輯照片的功能，亦可以製作簡短的幻燈片或印製照片。這些功能在民族誌學家想調閱資料、做投射技巧分析工作，或印製照片當作禮物時特別有用。我經常與研究團隊成員分享這些網站照片，以幫助研究產生

新的見解和假設，確認或排除反方假設，並建立一個施測者間信度
（inter-rater reliability）的視覺形式。

部落格

部落格（blog），語意源自「網路日誌」（Web log），通常是
一個關於個人、一個專案，或一個特殊主題的連續評論記錄。民族誌
學家使用部落格的原因很多，包括個人的日記（當他們進行田野調查
時，幫助他們記錄自己的感覺和對事物的偏見），或當作研究團隊的
交流平台（記錄並分享對正在進行的研究案的觀察與見解），或是一
個可以導引出社群成員或受訪者對其文化或特殊事件觀點的工具。我
大量使用部落格記錄我們的工作，並盡量使這些資料對世界各地曾與
我們一同合作的社群成員們都是透明和公開的。例如，在阿肯色州的
菸害防治計畫，我們使用部落格分享照片以及做協議記錄。這個方式
使我們能及時記錄我們的工作（這個方式對贊助者或是新加入的社群
成員了解目前我們的工作尤其有用）。部落格也能醞釀一個社群對我
們的信任，因為它是一個開放的窗口，提供了對我們現行工作的審慎
討論、採訪工作，以及最近的活動（見**圖4.4**）。

協作文件處理與線上表單

民族誌研究工作可以是一段孤獨的、自我追尋的人生旅程。然而
逐漸的，民族誌研究轉變為一種團隊或協作工作，牽涉到跨領域的研
究小組、社群成員以及工作人員。因此，協作文件處理與線上表單，

圖4.4　阿肯色州菸害防治計畫部落格

諸如Google文件或Office Live Workspace的共享功能，便提供民族誌學家與田野調查者或同事一種緊密合作並共同撰寫文件的協作工具。相較於在研究團隊中，一個人接著一個人地傳遞Word文件檔，網際網路上的文字處理工具可以讓社群成員持續編輯或是評論這個編輯中的工作文件。社群成員可以在你正在編輯文件的同時鍵入文字。同樣地，研究團隊的成員也可以將數據輸入到線上表單中（同時，在表單中事先設定的公式便可自動計算分析結果）。比起將所有資料寄給一個人後，再將所有數據輸入表單的沒有效率的方法（整個研究團隊因而都在等待這個數據輸入表單的工作，才繼續下一步的研究），協作文件工具可以更有效率的讓研究團隊中的所有人都同時在遠端輸入資料。

協作網站

　　部落格可以讓使用者塑造以及控制Web頁面的整體設計外觀以及呈現的內容，而閱讀者則可以對發布的文章發表評論。然而，協作網站與部落格不同之處在於，可以讓社群成員、研究團隊的工作人員、參與者以及同事皆在同一個網站上編輯他們自己的網站頁面。他們可以在自己的頁面上編輯並提供他們的個人資料、研究興趣以及圖片。他們也可以將相關文件附在網頁上。我曾在許多不同的研究案中使用協作網站，包括史丹佛大學醫學院的案子（一個關於醫學教育的研究），和阿肯色州菸害防治小組（用來記錄該案的防治成果）。該網站成了研究團隊發布官方消息、討論問題、記錄研究工作、發布研究成果，以及發布重要活動事項的有效平台。這些網站成了相關研究領域中，文化知識的中心資料庫，並且對同領域的研究者提供了豐富的資料來源。研究者們在建構自己的網頁時並詳述他們自己研究的同時，也藉此了解了整個研究團隊的研究語彙與研究重點（見圖4.5）。

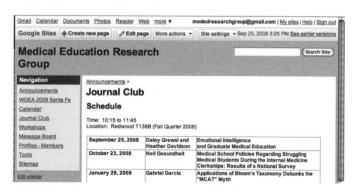

圖4.5　協作網站（史丹福大學的醫學教育研究小組）

　　過去，民族誌學家們在沒有筆記型電腦，桌上型電腦或網際網路的幫助下進行許多田野研究，現今仍然有少數的研究者們繼續以傳統方式進行研究。然而在大部分的研究領域中，這些工具都是不可或缺的，而今只有極少數人類學研究者不使用電腦或是網際網路工具做研究。然而，電腦與網際網路是有其限制：他們只能忠實呈現使用者輸入或取出的資料與數據。民族誌研究仍然需要研究者們以眼耳觀察、蒐集與記錄，以及從文化的角度來闡述研究結果〔參見Brian Schwimmer 1996年發表於《當代人類學》（*Current Anthropology*）的回顧與評論文章，以及其對網路上人類學資源的系列評論。Allen Lutins 亦編審了一系列網際網路上人類學資源的列表。除此之外，Fischer於1994年提出了一系列關於資訊科學應用於民族誌研究的精采討論。Brent（1984）；Conrad和Reinharz（1984）；Podolefsky和McCarthy（1983）；Sproull和Sproull（1982）等人亦提供了關於資訊科學於民族誌研究以及質性分析研究的深入意見。1984年發表於《實踐人類學》（*Practicing Anthropology*）的一個專欄「電腦輔助人類學」（Computer-Assisted Anthropology）則提出了另一個關於應用電腦科技於人類學研究的討論。請於網路上搜尋「質性分析軟體」以獲得更新的相關資訊〕。

　　本章對民族誌研究工具的簡要回顧畢竟不無遺漏。舉例而言，現今已有許多新的電腦輔助設計工具可以提供物體的三維立體圖片——這對其研究領域與空間相關的民族誌學家們是非常有用的工具。然而本章所討論的研究工具，將是民族誌學家們在做田野調查時最常使用的。在第5章，我們將討論如何應用這些工具以幫助研究者本身的感官和能力，並將困難的分析工作簡單化。

注釋

[1] NVivo先前稱為NUDIST。

[2] 雖然使用者還是一直遇到頻寬的問題，新世代網際網路和Internet 2將會使用高速光纖、同軸電纜或衛星傳輸，以及高品質的軟體來加強連上網路的狀況。視訊會議會因此受益良多，並且在不久的將來變成電腦通信的常態模式。

走出資料森林：分析

思考

多方驗證

模式

關鍵事件

地圖

流程圖

組織架構圖

矩陣

內容分析

統計

具體化

　　我到森林裡去，因為我希望能夠從容地過生活，只需要面對生活
中的基本事項，並且試著去學習它所要教導給我的東西。

　　　　　　　　　　　　　　　　　　　——Henry David Thoreau

　　分析是民族誌裡面一項相當可愛、有趣的特色。它從田野調查者
選定研究主題的那一刻開始，直到整份報告或民族誌的最後一個字結
束為止。民族誌涵蓋了許多不同層次的分析，有些是簡單而非正式
的，而有些則是需要統計學上的知識才行。民族誌的分析是反覆建立
在貫穿整個研究的思想觀念上，在田野中的資料分析使民族誌學家能
夠精確的了解接下來要用什麼樣的方法，以及何時、如何使用這些方
法。分析考驗著假設和洞察力，並建立一項概念上的架構，使我們從
研究中了解到底社會團體中發生了什麼事情。民族誌的分析對於資料
本身和民族誌學家而言都是一項考驗。

　　田野調查者必須從一堆雜亂的資料，理論、觀察和失真當中找到
一條適當的路，在經過了漫長而辛苦的分析之後，田野調查者必須做
個決定——選擇合乎理論邏輯還　純粹動人誘惑的方式；選擇確鑿有
根據還是毫無根據但卻迷人的資料；行為上真正的模式還是一系列外
觀上相似但卻個別有所差異的反應。選擇正確的方式需要判斷力、經
驗、直覺，以及對於整體或細節事件背景的注意。要穿越「分析」這
一片雜亂森林的最佳嚮導，就　立刻擁有一套顯著而綜合的戰略，也
就是清楚的思考。

思考

　　首先，分析要將資料處理得有意義而有用處，這對民族誌學家的思考能力而言是一項考驗，他們要面對一大堆複雜的資料而且必須要一一去理解。在分析的起始階段包含了簡單的認知了解，然而這也具有選擇性。民族誌學家將所有的資料一一篩選出來，由於他們個人的喜好和學術理論的分類，使得他們調查研究的範圍和焦點有所不同。然而由於所呈現出來的資料太多，以及了解到人們每日互相地影響，因此基本的思考技巧就變得和民族誌的觀念和方法一樣重要。

　　將焦點專注在相關且容易處理的主題是有必要的，而且這可藉由分析單位的調整來達成。接著田野調查者必須藉由比較、對照資料來探索這些主題，試著將一些問題用這些資料來分析，自始至終就最適當、最合理的解釋不斷地提出假說。

　　許多有用的技巧可以幫助民族誌學家理解這些資料，像是多方檢證、使用需要電腦主機的統計軟體。然而這些技巧都需要完善的思考能力——其中最明顯的便是綜合和評斷資料的能力——以及大量的常識。

多方驗證

　　多方驗證（triangulation）是民族誌研究的基本要件。它檢驗一項資料來源的可靠性以除去其他的解釋並且進一步證實假說。傳統上，民族誌學家會比較各種資料的來源以檢驗資料的可靠性（和分享這個

資料的人），並且更完整的了解每個人在社會中所扮演的角色，而且進一步地藉此展望整個情形。

在我進行大學輟學生的研究調查期間，學生們常常跑來告訴我他們的成績。有個同學告訴我他那個學期全都拿A。我將他所說的話跟他的成績單以及向其他師長、同學詢問的結果做了一番比較，結果發現他的成績的確是很優秀，但是他的態度有很大的問題──滿腦子裡想的只有成績而已，他一心只想追求好成績的結果，造成了他傲慢的態度，使得他無法與班上同學合作並且和睦相處。這項資料相當有用，使我明白了問題到底出在哪裡。在這個例子當中，多方驗證不僅證實了那位同學成績的確很好的事實，也讓我們了解了他在班上的狀況是如何。這一項資料在我們往後的交談當中相當重要，因為他所提供的資料讓我們很難用平常一般的調查方法去證實，而多方驗證在這個例子當中的附帶作用，則是讓我們完整的了解，這個學生在班上的相處情形以及全班同學對他的態度。

多方驗證可以適用在任何主題、任何層次以及任何情況當中。它對於中學生班上相處情形以及高等教育之行政管理單位的研究都同樣有效，竅門則是在分析時比較各種可以比較的項目和層次。在做高等教育機構的研究時，我通常將要分析的資料區分成許多個不同等級的小單位，例如學校、系所或研究室。接著我便回頭檢視資料挑出在起始階段所出現的最重要、最值得關心的事項，然後將整個研究的焦點專注在這個事項上，並且藉由與相關人士的互動中去了解這些事情，於是我便可以證實一些假設，了解問題的另外一面，以及藉由不斷地多方驗證各項資料，使我對於如何進行研究調查的整體觀念能夠具體化，接著我便利用一項有關一位教師多方驗證的資料來調查一件有關

於整個大學的事情。

　　有一位教師抱怨他的研究室在兩次研究經費通過之間的空檔因為缺乏經費而無法運作，於是我便去翻閱過去書面審核記錄，並且和其他幾位主要的研究者面談以了解他們對這件事情的看法，而我也和行政單位的職員聊過，知道他們在這一件事情上面所做過的事，最後綜合各方資料顯示了那位教師所表達的是一種一般教師普遍擁有的憂慮。研究經費的缺乏最直接的影響便是研究者無法持續進行研究計畫，由於研究計畫的主持人沒錢給研究員，因而使得整個計畫不得不停頓下來。在比較了教師以及行政人員的抱怨之後，我發現研究經費對於研究室以及研究人員而言的確是一項相當大的問題。此外，經由跟政府相關局處官員以及學校教務長的談話當中，發現其實這只是公文上的問題而已。由於官僚體制的架構，使得在申請研究經費時遭遇了一些延誤，因此問題的癥結在於如何掌握公文的流程，使它不會延誤，而不是在於討論缺乏經費時該怎麼辦。這兩種情形之間的差異是很大的，在大部分的情形下，研究室的經費最終都會直接撥給研究計畫的主持人，那所學校的校長說他已經知道了這件事並且設法解決。然而不幸地，他從未和其他人討論過這件事，包括了研究計畫的主持人，因此研究計畫的主持人和他的研究員們一直在擔心一個實際上根本只是公文問題的煩惱。另外一項從這個三方鑑定中所浮現出來的問題則是缺乏溝通，不論是學校內部或是學校和相關政府單位之間，大家彼此都不知道別人做了些什麼，因此如同多方驗證原本確認資料正確性的作用一樣，其附帶作用也是相當有用。

　　多方驗證可以改善資料的品質以及民族誌調查的正確性，在針對急診室的研究當中，多方驗證對於澄清誤會是相當有幫助的。曾經有

位某科別的主管在談話中抱怨他的一位住院醫師說：「如果你想要找個騙子的話，那Henry是你的最佳選擇。他領的錢是別人的兩倍，但是份內的工作常常只做到一半而已。」這是一項應當可以信任的資料來源。然而我覺得奇怪的是，以他在這個醫院內所擔任的角色而言，他居然沒有對這件事做出任何行動。很幸運地，有一個人無意中聽到了這位主管的抱怨，於是隔天便把我拉到一旁偷偷告訴我說：「我想你應該知道Henry是我們醫院內的一位好醫生，那位主管這樣說他壞話的理由是因為Henry現在正在跟他的前妻約會。」在翻閱了過去的記錄、詢問過了一些醫生、護士，以及觀察到那位主管的前妻在Henry值班後都會來接他下班之後，這個人所說的話也因此得到了證實。在這個例子當中，無意中發現的意外收穫以及有系統的多方驗證對於提供事實、了解真相是相當重要的。

　　其實在談話當中就很容易做到多方驗證。然而民族誌學家必須對於整個事件背景有細心、敏銳的觀察才能夠確認、鑑定。最近一項在華盛頓特區內舉行的會議討論中，與會的校長們也都同意這項看法。有一位管轄範圍相當大的教育主管對於為何學校的大小和教育上的好壞並沒有什麼差別提出看法。他說在他管轄範圍內有一間一千五百人和一間五千人的小學是他最引以為傲的，然而這兩間學校在治校理念、教育方法，甚至於他的管理方式上並沒有什麼差別。他同時也提到明年打算成立兩三所新的學校——三所小型或一所小型和一所大型。這時有一位同事問他說他比較喜歡哪一種，他回答說：「當然是小型學校囉；小學校在管理上比較容易。」這句回答事實上已經將他自己最真實的理想表露無遺。雖然行政單位普遍認為管理就是管理，即便學校大小不同也沒有什麼差別，但是這位教育主管卻有著與一般

人不一樣的個人看法。像這種以自己所說的話來支持或推翻自己先前的立場的自我多方驗證形式，對於內在的確認是相當有用的方法。可是稍後他的長官卻批評他的說法，他說小型學校內的學生常常抱怨他們缺乏活動空間，而且「大型學校內的資源比較多」。這件事情提供我們對於區域宇宙論（district cosmology）的另一項觀點。雖然人們對於理想的學校大小有著不同的看法，但是這個爭議問題也常常成為大家關注的焦點，不論是學生還是主管機關。

多方驗證的研究方法可能得到矛盾的結果，需要研究者挖掘出更多資料以及花費心力去協調各個資訊來源以檢證。例如，在一件與環境健康安全學系相關的爭議性調查中，一位系裡的資深職員因被指控恐嚇、隱瞞實情、有不合職場倫理的行為，以及違反法律與管理失當等原因而被解雇。我被要求去調查與訪談系裡所有的成員。系裡的一位職員在最初的訪談中表示，這個單位並沒有任何違反法律的情況發生。然而，在進一步的調查訪談中，他說明先前的聲明還是有一些特殊例外的情形。他將違反行政規定和違反法律區分為兩種情況，而校方也極為注意違反行政規定的行為。因此，我重新審視這位職員在訪談中的回應，並對極為關心是否有違規行為發生的校方修正了訪談回應的描述報告（並解釋了為什麼他認為這個案子中並沒有違法行為的發生）。在這個過程中，我認識到了環境健康安全領域的官員如何建立他們的世界觀，以及更加了解該領域所使用的語言。多方驗證研究資料提供了一種便利的研究方法，協助民族誌學家掌握社群裡的基礎思維與其價值觀〔關於更詳盡的多方檢證方法，請參見Flick（2009）；Flick、 Kardorff和Steinke（2004）；Webb 等（2000）〕。

模式

　　民族誌學家尋找思考及行為上的方式，也就是一種民族誌上的可靠性，他們常常可以在不同的情況下看到不同的人思考及行為上的方式。尋找這種思考、行為正是分析的方式之一。民族誌學家往往是從一堆雜亂無章的想法及行為中開始，接著蒐集資料，比較、對照這些資料，然後大致地整理分類，直到出現合適的想法為止。接著民族誌學家就必須要觀察，將他所觀察到的東西與還不夠完善的模式做一番比較。除非有規則出現，不然可以發現許多關於主題的變化，這些變化有助於為所做的事情下定義並且闡明其意義。然而這過程需要更進一步的詳查細究及分類，以便能夠在各種不同的範疇間做更適當的配對。最後這主題會浮現出來，並且包含了那些模式（從事實所分離出來）和所觀察到的事實相配對的部分。

　　所有文化團體有關思考和行為的方式都是交織混合在一起。當民族誌學家完成分析並且認同了一種方式之後，另一種方式便會出現，於是田野調查者便可加以比較。事實上，民族誌學家是好幾種方式同時進行。當民族誌學家將概念提升時便可以很快地了解越多，他們混合、配對這些方式並且按部就班的建立起理論來〔見Glaser（1992）；Glaser 和Strauss（1967）對於基礎理論的討論〕。

　　如果觀察一個中產階級家庭的日常作息可以發現好幾種方式。夫妻兩人每天去上班，將小孩寄放在托兒所內，他們固定地每個月領薪水，固定地在週末前往採買生活用品。綜合這些初步的行為方式成為一個有意義的整體模式，將使得其他的方式更加凸顯出來。譬如一個

雙薪家庭的壓力和負擔；強調組織和計畫，甚至經常的突發性活動；以及許多其他的行為和習慣都變得更有意義、更容易了解。觀察者可以藉由分析這方式本身以及這方式內的行為，對於整個經濟體系做一個初步的推論。民族誌學家們應該由觀察和分析日常生活方式來對於一種文化有更深一層的了解和欣賞（Davies, 2007, p. 146; Wolcott, 2008b）。

在第4章中，討論到我們可以透過各種資料庫程式來幫助識別與比對各種潛在模式與建構研究的基礎理論，例如ATLAS.ti、HyperRESEARCH、 NVivo、AnSWR 和 EZ-Text等等。舉例來說，我目前使用ATLAS.ti、NVivo 和 HyperRESEARCH等軟體來整理原始田野筆記和尋找其中的潛在模式。每一款軟體都可以搜尋田野筆記中的關鍵詞或詞組。所有的案例（在每一個文本內，這些字詞被找到的段落中）被合併成一個文件，方便後續對其加以審視與討論，以確認是否每一個案例是正確的，又或者是否這些案例的語境是類似。另一種方法，是以其涵義為基準，在田野筆記中標記出特定的段落。這種方式通常被稱為資料塊編碼（coding chunks of data）。它比文字搜尋更來得費時，但也同時更加精準，更有效力。這些被搜尋並整理的標記段落可以產生出更精確的案例清單。民族誌學家因此可以量化田野筆記裡同一個主題出現的次數，如此一來研究的信度便增加了。舉例而言，在一項關於教師教育計畫的研究中，民族誌研究小組在搜尋與「幫派」有關的關鍵字詞時，發現田野筆記中有許多這個字詞的相關資料，根據這個結果我們便可建立一個明確的模式。接著，軟體便可根據分析結果產生一個列出所有案例的「報告」。我們亦可根據分析結果建立子類別，例如利用軟體建立相關「幫派」的子類別。質性資

料分析軟體也可以用樹狀結構格式來整理分析資料，讓我們在建立一個研究主題的整體圖像時，可以以視覺化的方式清楚地呈現每個部分的研究結果應該如何搭配與整合。

利用資料庫軟體程式辨認潛在模式的第一步，便是將資料分門別類，讓你一目瞭然地知道你擁有什麼資料，資料在哪，以及如何對其進行分類。此外，它更能清楚地幫助民族誌學家在思考時強化對資訊的建構，例如分類、比較、搜尋潛在模式以及建立理論模型。透過對資料數據的編碼、搜尋以及分類，資料庫軟體有助於明確化潛在模式的識別與分析。如同為一本書建立索引一般，某些潛在的特定模式呈現後，便依照其內容或作者被引用的頻率而歸檔。資料的輸入與編碼並不比編寫索引卡或建立索引資料花費更少時間。然而，以人力進行分類既費時又費力。使用資料庫程式，資料一旦輸入後，就可毫不費力且快速地進行分類。資料庫軟體也提供了一個多方檢測的系統形式，一個及時且不限次數地直接獲取文本中原始數據的研究平台，協助民族誌學家忠於其原始數據。

圖5.1顯示了ATLAS.ti資料庫軟體的資料分類頁面的電腦螢幕擷圖。這個軟體可以幫助研究人員處理大量的數據庫，以視覺化的方式，清楚的追蹤並記錄現階段或整個計畫案中逐次浮現的類別與資料。

關鍵事件

在每個社會團體當中都可以找到一些關鍵事件讓田野調查者可

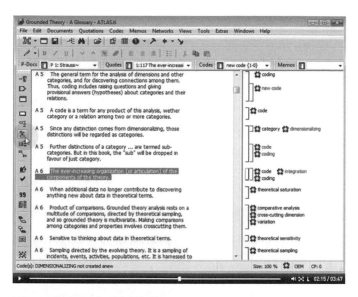

圖5.1 質化研究分析資料

以用來分析整個文化，Geertz（1973）曾經用鬥雞來了解和描繪峇里島的生活。關鍵事件以許多不同的型態出現，有些可能對於某一文化包含的較多，但全都對於分析有所幫助（Atkinson, 2002; Geertz, 1957）。

　　關鍵事件就像是快照或錄影帶一樣，具體地傳達了大量的資訊。有些影像清楚地呈現出社會活動；有些則提供了許多隱含的意義。一旦事件記錄下來之後，民族誌學家便可以放大或縮小影像的任何部分。民族誌學家藉由對於社會現象的初步了解可以從關鍵事件中推論出許多東西來。在許多例子當中，這事件是一種生活方式或是特殊社會價值的隱喻。關鍵事件提供了一扇窗，讓我們可以藉此觀察各種文化，包括了例行性的安息日宗教儀式、緊急事件的反應、以色列小型集體農場內的失火事件等。安息日是固定每週都會進行的關鍵事件，

儀式的服裝、參與者吟唱的聖歌，以及跟隨著做禮拜而來的社交活動，提供了宗教生活在文化上的一項扼要描述。火災是一項可以強迫民族誌學家去觀察、分析和自發性行動的關鍵項目，然而參與其中的觀察者也有相對的義務、約束。比較理想的態度是僅僅去觀察、記錄到底發生了什麼事情，但是置身其中卻也有幫忙滅火的道德上義務，然而這兩種義務並非不能同時存在的。民族誌學家根據危險程度、與這群人相處的經驗，以及在那種情形下的行為標準來決定適當的參與程度。如果是在小型集體農場的一場火災，則可以看見所有人都跑出來，在先進的滅火設備抵達之前提著水桶排成一列幫忙滅火。上述的這種情形提供了我們一些觀察、分析，像是在火災現場很明顯的有一位非正式的領導者帶領大家滅火，而這事件也正考驗著整個社區的團隊合作。這群滅火者的技術成熟度是他們知識水準、價值觀、經濟狀況，以及和社會上多數人相處情形的重要指標。而其他較少發生的事情，像是婚禮、喪禮以及成人禮也提供極佳的深入分析機會。

多數表決是現代辦公室環境裡一個典型的關鍵事件。在多數的辦公室環境裡，一個提案被付諸多數表決，通常是為了提倡一些新的意見，如新的計畫，新的做法或是政策。經由推薦後新的想法便付諸表決（經由正式或非正式的方式）。在此類關鍵事件裡，在事件發生幾分鐘或幾個小時後，對政策的擁護者、看法不同的陣線聯盟，與非正式的階級觀念便會以一種經過策劃的，並且通常制式化的模式浮現出來。他們揭示了這個事件所在的辦公室文化。例如，在一個醫學院的教務會議中，我觀察到，一個提案的提出使得教師與學生各自支持其陣線。這個事件所誘發的人的情境戲碼比起事件的本身其實更為有趣。表淺的分析可能說明了許多這個情境中的爭論是謬誤，而且本質

走出資料森林：分析

155

上與討論主題是無關的。同樣的分析亦可能顯示出個人的價值觀與其實際行為牴觸的矛盾。然而，在更加深入的分析中（重點擺放在權力而非邏輯推論）可能透露出這些辯論顯示出參與者有機會象徵性地表達他們是效忠者或違抗當權者。這件關鍵事件隱約可以看出學校的權力結構，也揭露了權力、階層結構和政治忠誠多於邏輯推論。在這幾分鐘內，整個學校的政治結構，透過這一個關鍵事件，在公眾舞台上顯露了出來。

現代化辦公室情境中另一個重要的特徵就是電腦的使用情況。在這種情況下，人們表現出社交生活中被隱藏的面向。經由行為和章程，正式的與非正式的階級便明顯浮現。誰可以決定誰能擁有最新型的電腦？一個人使用的電腦平台或作業系統是如何影響這個人在辦公室裡如何被看待與歸類？誰會將最新型電腦的使用權利視為一種地位的象徵，爾後才把它當作工具使用呢？那些與電腦無關的並在日常交流中被掩藏了的緊張關係，便在這些關鍵事件中顯現了出來。觀察不喜歡使用電腦和擁抱電腦科技這兩類人之間的不同；或是觀察辦公室成員接受或是拒絕使用電腦；個人對彼此的電腦專業互相依賴後團隊關係如何改變；以及電腦的使用如何改變群體的社會動力等問題，將可能是一項值得全心投入且發人深省的研究。

例如在一場籃球比賽中，CIP的位置發生了打架事件。表面上看來，這關鍵事件指出了社會大眾以及時機的反覆無常。更深一層來看，則顯示出團體的社會力量。打架的兩人當中，其中一人已經在球隊裡待了一段時間，而另一人則是新來的。新來的人帶有威脅地表示他們將接管這項制度，而原本的成員則是極力保護這項制度。由於球隊就像是一個大家庭，因此採取了雙方都能夠接受的方法來保護這項

制度。打架事件在雙方之間就像是大型保衛戰裡的小事件，而它也被視為是一種進入制度前的儀式，尤其是老球員表現出來的忠心對新來的成員所傳達的訊息，遠遠超越了打架本身所代表的意義。

關鍵事件在分析上格外的有用，它不僅幫助田野調查者了解一群社會大眾，更可以讓田野調查者藉此向其他人解釋這群人的文化背景。因此關鍵事件可以說是文化上的一種隱喻，從關鍵事件裡可以顯示出在田野調查中參與、觀察和分析是如何地密不可分。

地圖

視覺上的呈現在民族誌的調查研究中是一項相當有用的工具，畫出整個社區的地圖可以考驗民族誌學家對於這個區域自然規劃的了解程度。同時也可以幫助民族誌學家設計出一個整體的計畫。如同寫作一樣，地圖的製作可以強迫民族誌學家做摘要，並且將實際的狀況轉變為記錄——在一張紙上或電腦螢幕上。在繪製的過程當中也使得觀念、相關組織更為明確，同時也能了解並提出新的調查方法，因此地圖、流程圖和矩陣，都可以幫助民族誌學家將所有的資料更明確地顯示出來。

流程圖

流程圖在生產線運作的研究中相當有用，在研究圖書室裡有計畫地記錄一本書的去向，這樣有助於了解整個系統。我們發現某間圖書

館習慣將書本回收到圖書整理櫃中,然後將這些書本移到圖書館另一頭去,而不是翻開書本就地處理。繪製地圖或流程圖這樣簡單的行為,就能讓沒有效率的情況顯現出來。我們在評估社會福利制度時也常常使用到流程圖的概念,同時繪製資料相關性的分析過程,也可以視為是附帶討論的開始。

組織架構圖

繪製一項制度、部門、研究室或是以色列集體農場的組織架構圖也是分析時相當有用的工具,像第2章討論的「結構和功能」。就如同繪製地圖或是流程圖一樣考驗著民族誌學家對於整個系統的了解,不管是正式或非正式的組織架構都可以藉由畫成圖表來加以互相比較。此外,當人們加入或離開組織以及在組織內升遷時,也都可以從此架構圖內看到其中的改變。組織架構圖可以讓人們很容易明白在人類社會中所建立的各種組織的結構和功能。

矩陣

矩陣(matrices)提供了一項簡單、有系統性、以圖示表達的方式來比較、對照資料。研究者可以比較同時前後對照各類資料以勾畫出一些行為或思想類別的輪廓。而矩陣也幫助研究者發現資料中所浮現出來的方式。

在我進行政府贊助的藝術節目之研究的第一階段期間，矩陣的架構對我而言相當有幫助。藝術節目分成好幾類，像是音樂、舞蹈、戲劇、繪畫以及雕刻等；這些分類在統計表上成為一個個直立的標題。而橫排的部分則是一行行其他的分類：像是地點、規模、資金、財團，以及其他相關的變數。根據這樣的一個表格，我很容易就可以從表格中的某一格內找到所想要的節目。這樣的一項舉動使得我可以很容易地看出各項節目之間的不同之處、各類別的節目形式、區域分布以及其他許多珍貴的資料。此外，這些資料也幫助我從人群中篩選出比較小群的分層樣本來做更進一步的田野調查工作。

同樣地，矩陣也幫助我在進行輟學生的研究時可以由不同範圍確認出一些主題，在表格當中的適當位置也可以找到所需的資料。藉由學年度來設計矩陣，我可以記錄這些隨時間而產生的改變。研究者可以藉由徒手或是資料庫軟體的協助之下在紙上或是統計表上設計出矩陣來〔參見Handwerker（2001），頁222；Miles和Huberman（1994），詳細呈現了矩陣在質化研究中的使用方法〕。

內容分析

民族誌學家以幾乎相同的方式來分析手寫資料以及電子資料，事實上可說幾乎是在分析他們所觀察到的行為，他們會多方驗證所記錄到的資料以測試資料內部的一致性，並且試圖要在主題當中發現一些模式，以及在已出版的記錄當中尋找關鍵事件。內容分析（content analysis）為一方法學，用以分析書面文本如報紙、雜誌、電子郵

件、報告、書籍和網站資料等等。其相關的量化分析方法通常牽涉到
在文字上測量新聞專欄長度（與相同報紙的其他欄位做比較），計算
文本中的字數以評估其重要性，計量一個語彙或字詞在文本裡出現
的頻率，或記錄一個主題在廣播與電視中占用了多少播報時間。而
其相關的質性分析方法著重於了解關鍵字、片語和財務數字的意向
或其象徵性意義，而這需要編譯資料並解讀其於該文化背景下浮現
的潛在模式。內容分析方法的基本假設即是，一個字詞或一個主題
出現的頻率，反映了其對該族群或該文化的相對重要性（Graneheim
& Lundman, 2004; Krippendorff, 2004, p. 87; Lieblich, Tuval-Mashiach,
& Zilber, 1998; Neuendorf, 2002; Roberts, 1997; Stemler, 2001; Titscher,
2000, p. 224）。

　　輟學生的相關研究有大量的書面資料可供參考：像是教學輔導手
冊、行政管理準則、研究報告、報紙社論、雜誌文章，以及數以百計
的非正式記錄。內部文件也經過特別的詳細審查，以確定他們是否和
計畫的概念想法具有內部的一致性。參考的結果顯示了一項重要的模
式，譬如說，宗教在這些計畫裡的角色就是相當明顯的。在相關文獻
裡面也提到這計畫要歸功於「宗教領袖的直接參與」，在租賃協議當
中也常常會指定一間教堂來從事收容的工作。而組織的領導者本身就
是個牧師，因此所寫的信也充滿了牧師的口吻。

　　同樣地，在研究過計畫的公開文件以及經過每日的觀察之後便可
以很容易地抓住計畫的概念和想法，這計畫主張白手起家、中產階
級，並帶有清教徒嚴謹道德風格的生活態度。按慣例在計畫的小冊
子裡有一些參考資料，像是「工作倫理」（the work ethic）、「成功
的個人責任」（individual responsibility for success）、「行銷技巧」

（marketable skills），以及准許褫奪公權的人（the disenfranchised）「要求在經濟大餅裡分一杯羹」（claim their fair share of the "economic" pie）。在許多例子當中，我將這些句子都記錄下來，以確定他們在這主題裡出現的頻率有多高。

我常常根據出現的頻率以及上下文之間的關係，來推論某一個觀念在這個主題裡的重要性。這計畫出現在雜誌的文章、社論，以及非正式文件裡的關鍵事項，像是慶祝公民權的立法以及反法庭歧視的案例、種族衝突，以及少數民族的事件。在這些事情上組織的官方立場說明了基本的政治價值觀。

民族誌學家可以將由電子媒體中所獲得的資料和手寫文件相同的方式來分析。因為這些資料通常都是在資料庫或是磁片裡，因此很容易就可以轉移到資料庫當中，如果要大範圍的修改便十分方便，像是分類、比較、對照、總計以及綜合等。在我接受高等教育時，絕大多數的內容分析都是在與電腦連線上或是經由下載到資料庫內發生的，經營管理的理念很容易就可以由線上會議、預算、爭議，以及政策說明（和草案）當中獲得了解。如果稍微回顧一下某一個部門的預算，就可以對這個觀念獲得一個重要的訊息：人們會將錢放在他們所關心的地方。如果把內容分析的資料以及訪談、觀察的資料互相比較，將會深深地影響到結果的品質。

統計

相較於母數統計分析方法（parametric statistics），民族誌學家

更常使用無母數統計分析方法（nonparametric statistics），因為其研究通常為小量採樣。在這個狀況下，常態性假設（assumption of normality）是不成立的，而分析結果也通常以類別變項（categorical variable）或是次序變項（ordinal variable）表示。母數統計分析方法通常需要大量的樣本以達到統計上的顯著差異。而使用無母數統計分析方法則通常較符合大多數人類學家的需求與考慮。民族誌學家時常會蒐集一個事件發生頻率的統計數據（「主任有多少次把員工稱為『夥伴』？」以及「一個幫派分子在六個月之內改變了多少次的暗示手勢？」），亦或排序形式的統計資料（「在組織中，六個行政人員的權力大小該如何排序？」），或是量化名稱形式的統計數據（「不可知論者得分為"1"，基本教義者得分為"2"等，諸如此類。」）。如同社會學家、政治學家，以及其他許多社會科學家一樣，民族誌學家很少採用廣為通行的計量標準，例如物理科學中的克－釐米－秒單位系統（gram-centimeter-second），或甚至心理學家的智商評量，或精神科學研究者的分數量表。由於其採取的計量方式，民族誌學家通常採用統計學的分析方法，相較心理學家或經濟學家使用的變量分析如 t 檢定（t tests）和迴歸分析（regression analyses），其更常採用的統計分析方法諸如社會學家常用的的卡方列聯表分析（chi-square contingency table analysis）或等級相關係數（rank correlations），與自由分布檢定法（distribution-free tests）〔如弗理曼二因子等級變異數分析（Friedman Rank Test）和曼惠特尼U檢定（Mann-Whitney U test）等等〕。

　　人類學家通常以類別量表或次序量表進行研究。類別量表包含不連續的分類，像是性和宗教；次序量表除了有不連續的分類之外，還

有每個分類中變化的範圍，舉例來說，猶太教分類中的改革、保守、正統變項。次序量表不測量各個子分類的差異程度。

古德曼（Guttamn, 1944）量表又稱為累積量表（cumulative scaling）或量表圖分析法（scalogram），是運用在民族誌學研究中的次序量表之一。在民俗醫療者的研究中，我運用古德曼量表描繪出最能接受到最不能接受現代西方醫療的社區的態度。古德曼量表在這些變項中的相關得分像是年齡、教育、居留身分、相關的價值觀系統，辨別出群體區隔會對其他民俗醫療的教育資源最感興趣。這樣的資訊顧及了對現代西方醫療不太感興趣的人，為他們提供目標族群和如何有效運用有限資源的建議〔其他關於古德曼量表的討論參見Pelto（1970）〕。

李克特量表（Likert scales）相較於古德曼量表（Guttman scale）有更佳的信度與效度，並且也更容易使用。典型的李克特量表基本上是一個五點評量系統。舉例而言，在有關「保障就業政策的支援與引導」的主題中，以優秀為五分，滿意為三分，很差為一分來分級評量。李克特調查量表易於實施，其分析包括計算其模式、平均值以及分布範圍。調查問卷針對個人訪談和焦點團體（focus groups），採用的問題根據學生們對該學程計畫的認知。這個調查在某種程度上反映出關於學生們對這個學程計畫其看法的普遍性和代表性。其調查的結果，再加上訪談和觀察，便可得出該學程計畫中關於「使用者觀感」一個可信度與說服力兼具的結論。

經由卡方測試（chi-square），在資優教育的計畫中可以窺見一項趨勢，那就是西班牙人在這項計畫中最具有統計上的顯著增加（Fetterman, 1988a）。在人類學裡另一項常用的無母數統計方法便是

費氏精密機率測試（Fisher's Exact Probability Test）。然而，所有統計學公式在應用到實際狀況之前都必須先完成一些假設。如果在統計方程式裡忽略這些變異的話是很危險的，這就像是在進行民族誌田野調查工作時，忽略了在人為因素方面可比較的假設一樣。這兩種錯誤不僅浪費許多寶貴的時間，更嚴重的是會造成一些事實的扭曲與誤導。

　　當民族誌學家擁有很大的樣本數，並且沒有很多時間及資源來進行所有的訪談時便會使用母數統計法。調查問卷工作往往需要繁雜的統計測試以獲得其意義，例如t檢定。它們被用來檢驗兩組數據的平均值是否具有統計上的差異性（Trochim, 2006b）。例如，在最近一項史丹佛大學醫學課程的研究中，我使用t檢定來測驗是否一個彰權益能評鑑（empowerment evaluation）的創新模式可以有意義的影響課程發展。在這個創新模式中，教師和學生共同參與課程的協作評量以使課程設計更加完善（Fetterman & Wandersman, 2005）。我們比較了學生在創新模式之前與之後的評量以確認前後的差別，得出的結論是在統計兩者是有顯著性差異的，其p值 = 0.04（在相同的課程分析裡，我們刪除了控制組中一個在研究過程中沒有參與創新模式的課程資料，而得出了更顯著的統計差異，其p值 = 0.01）。這個統計測量結果獨立的強化了質性研究方式對這個案例的了解，特別在社群投入、社群參與，以及知性啟發的層次。

　　民族誌學家亦使用母數統計分析方法以及分數量表的分析結果來測試特定的假說，以交叉檢驗其觀察結果，通常亦可對其研究提供額外的深入觀察。學生考試的成績是CIP研究中基本的一部分。研究計畫負責人想要了解學生們在參與這項計畫之後，他們的閱讀和數學能

力是否有改善。在閱讀方面分數的增加具有統計上的顯著意義，在研究計畫負責人和民族誌學家的配合之下，這項資料顯得相當有用，而數學分數的增加雖然也具有統計上的顯著意義，但卻比不上閱讀分數增加的幅度那麼大、那麼驚人。這項特別的發現提供了民族誌學家一次獨特的機會與心理測量師以解釋說明的方式互相討論。統計學上的計算提供了一項結果，但是卻無法藉此了解背後的過程。民族誌的描述對於解釋為何數學分數的增加不如閱讀分數增加來得顯著是相當有用的。而答案也相當簡單：因為常常缺乏數學教學工作的人力。可是對於聘用以及負擔這些數學老師的費用也有困難，因為這方面的人才往往供不應求。

測試的結果是傳統精神測定學方式的產物，包含了使用共變（covariance）以及標準化（standardized）分析所得到的控制對照組資料。這項資料對於研究計畫負責人和民族誌學家都相當有幫助，並且對於進一步的調查和資料比較也提供了相當重要的焦點。

除了使用如SPSS的商用統計分析軟體之外，我還使用線上的統計分析程式。這些軟體的優點之一是，它可以使用圖表顯示機率分布（probability distributions）。這些程式也提供電子表單、方便數據資料的分類、演算法以及數學變換式（包括z scores或是N scores），統計測試包括敘述統計（descriptive statistics）、信賴區間（confidence intervals）、成對的或獨立的比較分析（paired and independent comparisons）（母數統計或無母數統計的）、相關係數（correlations）、線性迴歸（linear regression）和列聯表（contingency tables）等功能。亦可以製作散布圖、直方圖、箱型圖、枝葉圖，以及圓餅圖等等。程式基本上也包含靜態的統計概率

表（例如：常態分配、*t*分配、*F*分配，以及卡方分配）和動態表格〔母數統計分析方法中因子分析到邏輯迴歸的例子，參見Handwerker（2001），頁222。關於實驗和準實驗的設計，亦請參見Boruch、Weisburd、Turner、Karpyn和 Littell（2009）以及Mark 和Reichardt（2009）〕。

統計上的難題

　　引述自愛因斯坦：「並非每件可被精準計算的事情皆是有意義的；反之，也並非每件有意義的事情都是可以被精準計算的。」吾人不須對質性分析資料進行量化以賦與意義或使之合乎邏輯。描述性的篇章對民族誌研究而言，亦如同*p*值（p value）一般具有說服力。統計學在民族誌學上的使用常常有許多的問題。當一項特別的測試需要用到假設時便是一項麻煩的問題。在推論統計學當中最常見的一項假設便是樣本是隨機選取的。通常民族誌學多使用分層評估抽樣（stratified judgmental sampling）而很少真正使用隨機選取的方式。當使用母數統計法時需要很大的樣本數，然而絕大多數的民族誌學家研究的族群都很小。專家知識和合適性的爭議將引起更進一步的爭論。

　　在許多例子當中，複雜的統計方法在社會科學尤其是民族誌中是相當不合適的。第一個判斷標準幾乎都是出在要用來解決問題的工具之合適性。第二個判斷標準——第一個判斷標準的分支——則是應用時方法的妥當穩健性第一個判斷標準。而第三個判斷標準則是道德問題。要考慮在這個時機對這群人使用這種統計方式合乎倫理道德嗎？

關於倫理道德的問題將在稍後的第7章中討論。

就計畫或技巧本身而言沒有說一定是好或不好的,只能說在應用上是有用或沒有用、適合或不適合。使用實驗設計以及相關的統計方式來研究教育制度或是處理方式對於曾經是、快要是,或者已經是輟學生(那些因為年紀太大或是太頑劣而導致學校不再管他們的人)的影響在概念上是完整、沒有錯的。從理論上來看,這種方式可以使計畫裡的學生在數學及閱讀成績方面展現一絲進步的希望(和對照組學生的成績比較之下)。然而這項實驗計畫的應用會造成一項複雜的統計結果,那就是絕大部分的教育制度在精密的方法論領域是不適合的。這項計畫的假設很少遇到,在傳統的實驗計畫多是採用雙盲(double-blind)的方式,一方提供處理,一方接受這些處理的人。可是在絕大部分的教育處理上,老師們知道自己本身是否有教育學生、提供協助,而學生們也很清楚知道自己到底是否有受到這個老師及整個教育體系的關心照顧。因此和雙盲實驗不同的是,實驗組接受了積極的照顧;而對照組這些被教育制度拒絕的學生則是沒有人願意去關心。因此受到照顧的學生表現出了霍桑效應(Hawthorne effect),而不受人照顧的學生則可能表現出了約翰・亨利效應(John Henry effect)——也就是儘管沒人看中他們,但他們更是要證明自己能夠做得很好。這些反映和混合的形式嚴重影響到結果的可靠性〔Fetterman(1982b)對這項問題有更深入的討論;亦可參見Cook 和Campbell(1979)〕。

統計測量方法有另一項認知上的問題。雖然統計學證明的是相關性,而非因果關係(除非這個量化或質化研究是設計用來確認變項暫時的次序和控制干擾因素)。然而直到現在人們還是常常落入從統計

上的相關性來推論因果關係的陷阱裡。正如同馬克吐溫所說的：「世界上有三種謊言——謊話、該死的謊話以及統計學。」一個有辦法的人可以竄改數字，使得統計學資料變得對他有利。而偏偏有些人就是十分相信這些統計資料所代表的意義。由於科技的先進複雜，使得經由電腦處理的資料之可信度相當高。經由電腦處理的統計資料若有錯誤的話，是相當麻煩而且不容易處理的（如果沒有重大意義的話），因為在發現之前，這些錯誤的資料已經在相關的資料庫跑了一段時間，而且相互抵銷的力量或測試並無法輕易地補償這些整體性的問題。

　　以上針對問題簡要的討論應該不會使得有雄心壯志的民族誌學家覺得心灰意冷。民族誌學家在實驗計畫、準實驗計畫，以及相關的統計分析方面仍然有相當廣泛的應用空間，包括了複式迴歸分析（multiple regression analysis）以及因素分析（factor analysis）（Britan, 1978; Maxwell, Bashook, & Sandlow, 1986）。這簡單的討論僅僅是強調，在民族誌或是其他的社會科學仍然具有一些錯綜複雜的統計分析存在〔有關統計在社會科學中的用途說明，參見Blalock（1979）；　Hopkins和Glass（1978）；Hopkins、Hopkins和Glass（1995）；Shavelson（1996）〕。

具體化

　　民族誌學家在其研究過程當中的各個不同階段將他的想法具體化。而在具體化的同時也帶來了平凡的結論、新奇的見識，或是石破

天驚的發現。具體化實際上就是將與研究相關或是對研究重要資料的相同處匯集起來的結果。它可能是一個有趣的過程或是辛苦、無聊，但卻是有系統、有方法的工作結果。這種研究型態必須注意到在誤差內所有相關的變化，嚴重的錯誤可能會讓人對研究調查造成誤解，甚至使整個研究毀於一旦。舉例來說，如果看到一長排開著車燈的車陣，全部都沿著同一條街往同一個方向前進，那麼大家可能會猜想這是一個送葬的行列。雖然說這有可能是真的，但卻也有可能會猜錯。因此由非正式的詢問，或是更多的訓練，以及更詳細的觀察來得到更多的資料是必須的。譬如說確認在車陣中有靈柩車的出現，或是向其中的某一個人詢問，如此一來可以使所做出來的結論更具可靠性。此外，另一項重要的資料便是時間。想想看要是研究者是在晚上看到這開著燈的車陣呢？如果觀察者遺漏掉任何一項資料的話，則這結論的可信度以及可能性便會降低。因此最好的方式便是親身參與這場喪禮，這樣對於結論或是具體化的概念便可增添許多的確實性。

　　每一項研究都有其最佳的關鍵時刻，也就是當所有的事情逐漸被理解時。在歷經了數個月的思考以及沉浸在某種文化裡之後，所有的次標題，包括了小型實驗、多方驗證努力的層級、關鍵事件以及行為模式，形成了連貫有條理的輪廓，而且能夠令人相信到底發生了什麼事情。在民族誌研究當中最令人感到興奮的時刻，莫過於當民族誌學家發現某一項事實實際上並不如一般人所想像的那樣。這個時候，那些漫長的日日夜夜都顯得值得了。舉例而言，如同在第3章中所談到的，我討論了在阿肯色三角洲地區的一些教學資源貧乏的學校中，這些學校的平均標準測驗分數低落，但其學生卻仍有高出席率（根據我研究學校教育三十年的經驗），這個情況是不合理的。但在我搭機到

達小石城，往南直開了兩個半小時的車，並到了三角洲地區後，我意識到這個高出席率的數字的確有它的意義。在這裡，除了學校之外並沒有其他可以進行社群活動的地方。在這件案例中，田野調查提供了關鍵的資料，並且記述了一個違反直覺的有趣發現。

在一項高等教育體系管理階層的研究中，在幾個月的工作後我發現這個情況違反了直覺的解決方式。一個行政單位包含了兩個部分，各自服務校園內的不同部門，而管轄這兩個單位的共同主管則是計畫要將這兩個單位合併。理論上來說，合併可以藉由淘汰冗員以及資源共享達到更高的效率，同時也曾經有人詢問過我對於這項計畫的看法。而在研究期間，我發現不只是這兩個獨立的單位，連同這兩個獨立的文化，在學術研究的行政管理單位內都存在著相當大的歧見。其中一個單位以服務代表的方式來服務教師。當一位教師有疑惑的時候，他的服務代表會解決他的問題。如果他本身無法解決的話，他會幫這位教師去請教其他同事，而不是讓這位教師逐一的去向其他人詢問。因此教師們只需要向一位行政人員詢問即可，而且這個單位的凝聚力很強，如果有必要的話可以幫忙別人做事，因此教師們都很滿意他們的服務。

另外一個單位則是根據功能所組成的，範圍則是從會計到接受贊助的企劃小組不等。然而裡頭的行政人員絕大部分都跟教師們處得不好，時有對立衝突的情形發生。他們所接觸的對象大多是教師的秘書和行政助理人員。此外，這個單位充滿了小團體而且常常發生內訌，其中最顯著的就是單位內老一輩與年輕一輩行政人員之間的衝突。老一輩的行政人員認為現有的工作方式已經延續了許多年，並且想要繼續持續下去；年輕一輩的行政人員則表現出對於新的工作方式的渴

望,包括將許多事情電腦化。而學校內的教師則是相當不滿意這個單位的表現,當教師們有疑惑時,往往需要層層電話轉接才能找到真正負責這項業務的行政人員。此外,因為新舊不同立場的人往往不跟對方說話,因此衝突內訌常常影響到工作的進行。

這兩個單位的人都知道可能要合併的趨勢,然而由於彼此間過去的嫌隙,雙方面都不想要合併。前一個單位害怕合併後會失去原本與教師們之間的良好關係,而此單位所服務的教師們也會擔心會失去較佳的服務;而後一個單位則不喜歡前一個單位的工作方式,他們已經習慣於只做自己分內的事,並不想去了解其他同事的工作內容,更不用說是幫忙了。在他們的觀念裡,兩單位間不同的工作方式其實效率是一樣的。

當校長以及這兩個單位的共同主管詢問我對於合併的意見時,我向他們解釋說這兩個單位正處於組織架構上的十字路口。事實上有許多種組織架構都有辦法改善整體的表現,然而唯獨將這兩個單位合併是不可行的辦法。雖然理論上來說合併似乎是相當好的辦法,但實際上卻無法達到預期的效果。合併的結果只會增加原本雙方就已經存在的歧見並且降低整體的效率,而且會使得合併後的團體四分五裂,降低了服務教師們的能力。同樣地,要讓後者採用前者的方法也是會造成衝突歧見,甚至於他們還會將雙方的合作解釋為是對方侵犯他們、暗中監視他們。

我的建議是不管短期之內可以節省多少經費,也不要將這兩個單位合併,而且我還建議採用服務代表方式的單位,應該繼續使用原本的方式持續下去,而以功能為導向的單位則須知道它的組織編制是受到重視的,但同時它也必須要降低內部的衝突,並且與另一個單位能

更加和平共處。這兩個單位都同意我的說法，並且也都能接受我的建議。而這件事情的發展也說服了校長做出不將兩個單位合併這種異於一般人想法的決定。

這項與一般人想法不同的決定，是經由對於每一項文化以及其各種不同的次文化之詳細研究所得來的。內在的觀點提供了在嚴謹的科學研究上的一個大方向〔參見Fetterman（1981b）所舉的另一個個案〕。

在民族誌裡，分析並沒有單一的形式或步驟，多方的分析以及各種分析的形式是基本的。在民族誌研究過程中的任何一個階段都可以進行分析，包括了最初研究問題的挑選一直到最後的寫作（Goetz & LeCompte, 1984; Hammersley & Atkinson, 2007; Taylor & Bogdan, 1988）。研究者建立某種程度的知識基礎，找尋問題、聆聽、探索、比較對照、綜合以及評估資料。民族誌學家在他們離開研究地點之前必須對資料進行複雜的測試。然而，當民族誌學家真的離開研究地點時，便會產生一項正式、可認明的分析，在此階段有一半的分析包含了進一步的多方驗證、方式的篩選、發展新的矩陣，以及將統計方法應用到資料上。而另一半的分析則是在最後的階段民族誌寫作時所發生。

記錄奇蹟：寫作

　　正確的言詞和幾乎正確的言詞之間的差異，就如同閃電和螢火蟲
之間的差異一般。

　　　　　　　　　　　　　　　　　　　　　　　　　　——馬克吐溫

　　民族誌在計畫的每個階段皆需要好的寫作技巧。研究計畫、田野
記錄、備忘錄、部落格、線上共享協作文書處理以及線上表單文件、
網站、期中報告、期末報告、論文與著作，都是民族誌研究工作的實
質產出。民族誌學家可以和參與者分享這些著作以便確認它們的正確
性，也可以和同事分享以獲得批評和尊重。經由參與工作和口頭上的
溝通，民族誌提供了許多無形的東西。然而，寫作的作品不同於短暫
的對話，必須經得起時間的考驗。

　　民族誌的寫作和描寫大自然是一樣的困難及充分，從小事件、特
殊的路標，甚至溫度的簡單記錄，到努力地描述一個經驗或解釋一個
突然的發現，民族誌的寫作都需要有能看清細節的觀察力、能將細節
依其特有的背景表達出來的能力，以及可將具有意義的小細節和小片
段組合成一個特徵顯著的社會組織的語言技巧。民族誌的寫作者必須
將數個月的觀察和研究所顯現出來不同形式的社會組織和互動表達出
來，每個文化所表現的五花八門象徵和人們對環境的適應也必須設法
在記錄裡充分表達。

　　民族誌的寫作有著各式各樣的風格，從簡單易懂的到拜占庭式
的。許多民族誌學家仿照他們所欽佩的作家來完成他們的作品，這些
作家使他們的模仿能夠符合各種主觀和客觀的考量：語調、文章的脈
絡、寓意、時間的限制和目的等等。

　　結果，每個作者皆發展出一套文學的特色，隨著經驗而越來越清

楚、越來越獨特。然而，所有的民族誌學家——不管他們的風格發展
得多麼好——都需要使他們的寫作能適應他們不同的特定讀者。而民
族誌學家針對不同讀者的寫作能力將會決定工作的成效。

要寫出好的田野記錄是不同於寫一篇堅實而富有啟發性的民族
誌，或根據民族誌情報寫成的報告。做記錄是最自然的一種寫作。通
常這些記錄只有一位讀者。因此，就做記錄來說，雖然清楚、簡潔
和完整是必須的，但格式卻不是主要的考量（Emerson, Fretz, Shaw,
1995）。

然而為了一個讀者而寫，即表示是寫給他看的意思。一份寫給學
者、政府官員、私人或公營的企業職員、醫學專家和各種教育計畫贊
助者的報告需要不同的格式、語言和抽象化的程度。一份寫給一位計
畫贊助者的報告也許會比較簡潔和重點式地說明所發現的事，但可能
會使某些學者質疑此計畫的成果。同樣地，一份評論性的學術刊物可
能會使計畫的贊助者感到挫敗，他們很可能會覺得研究者把他們的時
間浪費在沒有關係的事情上，而時間須像處理業務一樣好好把握。本
質上，學者和贊助者都覺得研究者沒有考慮到他們的存在。這兩種讀
者都對田野工作和研究者的結論有興趣，但卻有著不同的需要和關心
的事，好的民族誌工作常常能提出與兩方人馬有關的資訊。

表演寫作（performance writing）引導了民族誌的文本寫作。表
演寫作的形式是將閱聽者當作觀眾，照顧他們的閱聽體驗，並希望
你的工作成果會對他們造成影響（Madison, 2005, p. 192）。這並非故
弄玄虛。因為閱聽者與創作者是互相關聯的，在這層關係中，寫作者
將讀者視作陀螺儀或指南針，寫作者的文字則以讀者為中心，包圍
其感官。有技巧的民族誌學家可以有效地和其讀者溝通——部分原因

是因為民族誌學家關心其讀者的感受——並使用了正確的語彙與之溝通。然而,這並不僅僅只是語言技巧上的問題而已〔參見Fetterman(1987b)關於民族誌學家的修辭學討論。亦可參見Yin(2008)關於對不同閱聽者演示的案例研究〕。

部落格與網頁提供了一種強而有力的媒介,你可以在上面編寫進度報告,發布關鍵事件的記錄影片,以及記錄與你一同工作的社群特質與精神。藉由提供一個可以發表社群中有價值的研究報告、工具以及資訊的平台,促進互惠交流。部落格和網頁也很容易為不同的閱聽族群量身訂作,包括學術人員、計畫相關的工作人員,以及社群成員等等。這些建立在網路上的文件也非常的易於取用,它們為民族誌學的學術見解與領域知識提供了即時性和透明性。他們強化了民族誌學家與合作計畫人員之間的社群感。部落格和網頁可以是非正式的,亦可以是學術性的;然而,它們的寫作形式通常是介於田野記錄、期末報告,或學術論文之間(正式論文和出版刊物的網路連結亦可被附於部落格或網頁上)。

寫作不但是一種交流的方法,同時也是分析過程中的一部分(Atkinson & Hammersley , 2007)。寫作能夠沉澱思考。當一個人坐下來將想法寫在紙上的時候,他必須使那些想法變得有條有理,並理出特殊的構想及關係。寫作通常能揭露出知識的漏洞。當這些漏洞被發現時,如果研究者仍在進行田野調查的地點,那麼研究者就必須在調查地點設置額外具體的訪談和觀察。如果民族誌學家需與他人共同工作,他/她可以和其他社群成員在線上共享文書處理或線上表單。這樣社群成員便可以共同編輯和撰寫其見解與新的發現。如此的協作方式,不但可以彼此檢視對研究結果的詮釋,亦可促進彼此的合作關

係（建立一個研究社群）。在阿肯色州的菸害防治計畫中，我使用一種互動式的線上表單來管理傳進來的資料，其資料是關於戒菸的人數，以及這個成果如何換算成結餘下來的醫療支出。在這個計畫案中，資料的蒐集過程是個重複的步驟，也是個共同協作的經驗。如果研究者已經離開那地方的話，那麼田野記錄、電子郵件（包括數位照片）和電話訪問則必須充足（除非研究者在離開時也使用線上傳輸與其他社群成員共享）。

當民族誌學家以一個特定的題目將數個月的想法具體化時，初期的想法往往在寫作過程中變得成熟。從構思——用一種民族誌學家閃動的眼睛——到總結報告的陳述，在寫作的階段中進行民族誌的學習。而關於民族誌中一些劃時代事件的簡短回顧，則強調了寫作在民族誌中的重要性〔對於進一步的民族誌寫作討論，參見Madison（2005）；O'Reilly（2005）；Wolcott（2008a, 2008b）。一些民族誌工作使用的修辭和敘事寫作手法，包括實述式、自白式和印象式故事，參見Van Maanen（1988）〕。

研究計畫

民族誌學家的構想會在研究計畫中有第一次的表達。行動、政策、研究計畫各不相同，但有一個共通點就是贊助者。贊助者會根據所寫的計畫來判斷計畫的品質、所要研究問題的意義、研究方法及有關的分析和預算。問題的嚴重性和研究工具的複雜化可以用無數的方式來描述。然而，只有少數幾種方法可以順利地和其他夠資格的計畫

競爭。贊助者是一群非常特別且重要的讀者。每一位贊助者有著特殊的標準、需求、感興趣的題目和提供資金的能力。民族誌學家跟贊助者溝通的能力將會直接地影響研究的形式、氣氛和成果——或是否努力甚至承諾。

小心謹慎和深思熟慮的寫作可以確保贊助者和研究者之間的協調性。如同求職的面試一般，計畫是研究者與贊助者之間第一次的交流，他們必須迅速地決定是否可以一起工作；然後學著如何去做。一個設計嚴密的計畫可以將路徑標示出來給研究者和贊助者知道，而清楚、直接的說明——沒有贅詞、特殊用語、修飾的子句，以及模糊、被動的措辭——可以使兩邊的人都清楚構想是什麼，所做的研究如何實現那些構想，以及誰將管理工作，要做多少、做多久等。雙方彼此分享經驗和價值觀可以盡量減少誤解、傳達不清及因而產生的緊張氣氛。模稜兩可的話會招致誤解和混亂，而不清楚的表達也可能使贊助者認為民族誌學家的思考是模糊不清的。因此寫作是一種可以使想法和計畫變得清楚的工作，同時也是一種自我表現的方式。

在民族誌的研究中必須要有計畫和先見之明。研究越是有組織就會進行得越順利，而研究計畫的語言文字和結構反映出作者的組織能力。用於研究計畫的書寫要能區辨出思考和計畫表。另外，在研究計畫中，適當的計畫可以確保研究工作的重要項目能有足夠的時間和金錢。不適當的計畫則可能會導致這項研究在發表於各個有名的期刊之前就終止，也可能會導致這研究因採用一個沒有目標的模式，而像一艘鬆開纜繩的船一樣，浪費時間和努力。當研究計畫被採用，研究工作也有資金來源，而且訪談前的信件也準備好的時候，下一個重要的寫作挑戰便是做一份好的田野記錄。

田野記錄

　　田野記錄是民族誌結構中的磚塊和水泥。這些記錄基本上包括訪談和每天觀察的資料。它們在蒐集資料時構成了分析步驟的早期階段，並可作為以後更複雜的分析時所需的未經加工的資料。許多田野記錄的指導方針和技巧可用來幫助民族誌學家，然而最重要的定律便是將資料寫下來。

　　田野調查讓民族誌學家被資料、概念和事件給淹沒住。民族誌的工作使人筋疲力竭，也使得工作者會很想要停止記錄，或在每晚要用打字機打出白天那些潦草難懂的文字時感到提不起勁。然而記憶消失得很快，沒有記錄的訊息將會很快地被後來相繼發生的事給掩蓋。延遲過久的話，將會犧牲同步記錄所富含的立即性〔參見Emerson、Fretz和Shaw（1995）有關田野記錄的詳細討論〕。

速記、象徵和記憶術

　　民族誌學家使用許多技巧增進他們在田野記錄事件時的準確性。例如，他們學習一種只寫給自己看的速記以用來快速記錄訪談內容。簡短的語句或關鍵字象徵了一個事件、一個影像或會話的一部分。而標準的縮寫和象徵符號也普遍用來幫助記錄，像是♀、♂、＋、＄等等。問號和驚嘆號是一種方便的記號，可使民族誌學家回想起一個發現或另一個沒答案的問題。這些手段可使民族誌學家在白天做大量記錄，同時也獲得深度和廣泛性。理想中，這些記錄的轉譯最好在訪談後或觀察後立刻進行，因為此時的記憶最為鮮明。然而，在許多例子

當中，較為普遍及實用的方式是在每天結束時進行的例行性轉譯。這些縮寫和象徵符號是依據簡要的印象或是以有助於記憶的方式寫的，它們會引起回憶，使影像湧現在腦子裡，並使民族誌學家重建全部的事件。

重建

在某些情形下做記錄是不適當的——例如喪葬儀式、械鬥和特定的宗教慶典。在這些場合當中，田野記錄仍是重要的，但要做記錄卻是更加的困難。在這種情形下，必須要有完整的重建。在Spradley（1970）對流浪漢的研究中，他幾乎每次與醉漢訪談後，都跑到洗手間去撰寫資料，使得許多受訪者都覺得他的膀胱有問題。Powdermaker（1966）常常坐在車子裡數個小時，寫下剛剛的談話內容，因為要正確地回想起冗長的對話片段是需要練習的。不管怎樣，如同詩人能記得數千行的詩歌一樣，經由訓練和經驗，民族誌學家也可以正確地記得大量的資料。然而，不同於詩人的是，民族誌學家必須在吸收新的資料之前，盡快地寫下這些資料以免遺忘。

田野記錄的組織

從田野調查的初步假說到最後的寫作階段，使田野記錄保持在有條有理以及能相互參照的情況下，將有助於正式的分析階段。可以使用活頁式的筆記本將記錄依主旨組織起來，就如同使用一個20或40-megabyte硬碟裡的一個資料庫一樣容易。如同第4章與第5章討論

過的，資料庫的方法非常有助於分析，並可以將民族誌學家花費在寫一本民族誌的時間減到最少〔參見Wolcott（2008b）有關寫一部典型民族誌所需花費的時間；同時參考Levine（1985）關於有系統的計畫——特別是資料儲存和訂正原理的討論〕。

在研究裡所獲得的推論、線索、名冊和個人日記式的註釋應該與觀察的記錄分開保存。這些記錄都是可以幫忙引導民族誌學家工作的文件，在研究中可作為進一步行動的暗示。無論寫在信封的背面或寫在電腦裡，這些記錄同時也證明了民族誌過程的一部分。藉由它們，民族誌學家可以回顧步驟，以便用來發現在研究時幫忙發掘特殊意義的計畫。在特別困難和危險的田野調查時，一份個人日記可以提供一個有效的應變措施，同時它也是一套品質管理的策略。有關於研究者在研究的特殊階段裡的心情、態度和偏見的記錄，可提供察看當時原始的田野調查背景。這些檔案的保存因而成為資料蒐集和分析的品質管理〔參見Schwandt和Halpern（1988）有關田野調查的記錄；亦可參見Bogdan和Biklen（1982）關於撰寫田野調查記錄進一步的討論〕。

組織田野記錄

有許多種有用的田野記錄方法可以使用。我發現有一個方法特別能確保高效率和有效的田野調查工作，以及有助於寫作的過程。

田野調查的記錄可以用活頁式的筆記本加上標籤以便辨識各項分類，並使其變得有條有理。第一個部分包括可用來尋找特定主題或段落的概略索引。第二個部分包括研究計畫或契約。第三個部分

包括要適當地執行研究計畫所需的時間和預算。第四個部分包括所有的信件，以及第五個部分包括研究成果在早期調查階段所用的初步記錄（這一部分的田野記錄是用在田野調查的早期階段，可用來發展研究計畫，以及將民族誌學家的企圖界定得更遠）。其他的部分則是研究計畫所有的次項目，研究計畫確定主要的研究範疇，而每一範疇都包含了一個研究主題。

　　每一個章節的第一頁都包含了目的、方法、發現、結論和推薦的封面。這個系統強迫民族誌學家去明瞭工作的目的，並正確地記錄下探究主題時所使用的特別方法，以及去概述其發現和結論。另外，這種有組織的協助方法在研究時提供了一個便利的參考，以作為研究行動的未來方針。封面同時使民族誌學家可以做出備忘錄或其他摘要的訊息，以便和同事、贊助者及此領域內的人分享，而備忘錄——連同參與者的反應——可以促使報告或民族誌的產生。

　　封面中有關於發現的部分可以和每項特定的田野調查記錄、照片、錄音或筆記前後對照。例如，一項訪談的田野記錄相當於未經處理的資料。訪談的記錄可能伴隨著可用來多方檢證消息的觀察記錄、矩陣和圖片。為了方便，這些文件或原始資料可用封面相互參照（同一份的觀察記錄或訪談資料可用來證實工作報告裡其他部分的一些發現）。

　　民族誌學家可以從研究計畫主題的最初研究中發展出新的主題，如同第 4 章所討論的，一部電腦可以保存及組織這些記錄。然而在許多例子裡，hard copy 就如同照相記錄一樣是必需的。這種田野記錄的組織方法使民族誌學家回想起研究的目的和方向；並且田野工作者能容易地得到初步的發現和結論，同時也使他人能夠回顧研究的努力過程。

備忘錄

　　民族誌學家在他們工作的各個階段裡製作研究成果的備忘錄，這個分析工具幫助民族誌學家評量他們的進展。當我從事高等教育的工作時，我發覺整理出一份簡短的備忘錄可以幫助我了解實際上的情況。我和一起工作的人分享它們，並且請求他們評論，這種互動的方式能在我把認知當成基礎以便了解下個階段的發展情況之前，先檢查我的認知是否正確。另外，備忘錄也提供了參與者一個機會去分享研究的過程。

　　研究過程中寫備忘錄可以使報告的書寫變得更為容易。民族誌學家可以從經由田野調查經驗修改過的研究計畫中獲取前言和背景的部分，報告的精髓則直接來自於經由研究得到的備忘錄。因此，民族誌學家只須完成最後的分析，解釋所有的備忘錄和反應是如何配合的，使參與者在研究的最後過程中不至於有明顯的驚訝反應。

研究期中的報告

　　在研究工作中，研究期中的報告較備忘錄更為普遍。這些報告是在完整地敘述研究成果之前民族誌學家知識的初步摘要。這些報告會交給贊助者、參與者和學者以供評論。就測試民族誌學家對於計畫或是所有研究的文化之了解，和提供特定的回饋給報告的各個項目來說，研究期中的報告對研究成果的品質來說提供了一個無價的貢獻。

研究期末的報告、論文和書本

　　民族誌研究的最後階段是書寫最後的報告、論文或書籍。這些最後的產物通常象徵著民族誌學家要表現研究過後的一個精緻、分析過的文化描寫的最後機會。這三個高度具體化的表達形式需要同樣的資料、辛苦的工作和洞察力的基礎，但卻有著不同的語氣、風格、格式、分類及市場上的經濟價值。

　　報告、論文和書籍是如此多樣，以至於在一個章節中我只能討論一些各個類型的一般特性和指導方針。然而，簡短地回顧最普遍的民族誌發表形式是必須的，因為知識的分享是民族誌工作中一個不可缺少的部分，而分享的過程通常包含了發表所發現的事。發表作品是民族誌學家分享觀察和結論的方法，並從所發表的資料而得到的回饋中學習。

　　一份給政府的報告通常會比論文或書本來得實際，它通常對研究的計畫和團體有著直接的影響。民族誌學家在報告中大多會以特定的政策爭論為重點，而語言最好是用充滿特殊理論用語的官方說法（像是「優先次序」和「實施」這類字）——這是想要與政府機關有效地溝通所不可缺少的事。報告可能包括一個有關於發現的專業編輯和一個非專業編輯，而通常也會有執行摘要提供給沒有時間看或不愛看整篇報告的決策者。由學者、律師和政府長官所組成的審查小組維持著成果和作品的品質管理，在許多的情況裡，審查小組在決定重要段落的措辭時有著直接的影響。

　　一篇論文是民族誌學家所有成果的混合或是高度濃縮的改寫本。它通常會深度地討論一個特定的問題，作者會簡短地指出田野調查是

如何促成知識的發展、理論或方法論。而讀者通常由學術上的同事組成，他們對作者發表在評論期刊的作品有著直接的影響，因為他們可以推薦或拒絕其發表，而且也會建議做特定的修正。作者在論文被同意發表前必須要應付這些建議，因為學院對最後的作品有著不小的影響力——它能精練和改善作品，或促使作者做適當的繞道〔有關於更多期刊論文的寫作，可參見Bogdan和Biklen（1982），頁183-190；Van Til（1985）〕。

一本書比起一篇論文提供了更大的自由空間給民族誌學家，而讀者基本上還是由學術上的同事所組成。民族誌的原稿結構呈現多樣化，但一部民族誌通常都會討論文化的基本元素，例如文化的結構、組織、歷史、政治、宗教、經濟和世界觀。一個在民族誌中浮現的特定主題可能會成為文章中討論的重點，這個主題可能是此文化、民族精神或風俗習慣中一個不可缺少的特質，而成員能不能使這個特質適應他們的環境。在接受原稿時，出版者會請求此領域內適當的學者來做評論，以便做出出版或不出版的決定。學者的評論能決定原稿的結局，當作者的作品被退回，或是建議修改的地方作者不同意時，他們可以尋找其他的出版社或期刊。然而，有些出版社或期刊是這個領域裡的權威，以至於作者沒有其他的選擇〔參見Powell（1988）有關於學術發表中做決定過程的討論〕。

除了報告、論文和書本之間慣有的差別外，差異還存在於次要主題的焦點和研究究竟是基礎的或是應用的。不論是哪一種作品，民族誌學家都需要根據讀者的不同——能影響讀者的作品，就能讓讀者做出適當的判斷。一旦民族誌學家決定好讀者群後，就必須改變他們的寫作模式以適應那些讀者。

　　報告通常有著有限的發行量、特定的贊助者、各種政府機關、計畫的職員和一些學術上的同事。報告可能取得版權，也可能不行，而且通常是沒有版稅的；它們就如同研究計畫的一部分般被發表和計算酬勞。報告的截止期限是一把雙刃的刀，它們對特定的政策問題能確保有適時的回應，但時間的限制卻會妨礙文體的精練。

　　論文的發行量取決於發表它們的期刊。一個民族誌學家如果希望能接觸到較多的讀者，則他會試圖在一份有著廣大發行量的期刊上發表論文。如果民族誌學家的目標是很簡單地只想和一群小而特定的學者分享知識的話，則具有較高特異性的期刊會是最好的選擇。在這兩者之間，民族誌學家在曝光率和影響力方面做了選擇。審查性的期刊比起非審查性的期刊是比較受重視及比較有名望的，因為審查性的期刊有固定的品質管理，要在上面發表論文是更為困難的。出版社通常可以取得期刊論文的版權，而作者則有權利可以將論文發表於他所著作、編輯的書籍和收藏裡。期刊的論文除非它們出版成書，否則是不會有版稅的。這些論文比起報告來說比較沒有立即性，但比起出版成書而言卻是較為立即的。一篇期刊論文的原稿評論可能會花費一到三個月或更久的時間，而出版時要進行的校訂、校對和一般製作可能會將時間多延後一到三個月。基於這個理由，許多學者會比較喜歡網路上的電子文章而不是傳統出版的文章，因為他們必須趕得上他們領域內的快速變化。

　　線上出版的形式對學術研究貢獻良多。它已成為社會科學和醫學研究的基準與規範。電子學術期刊或許不會有紙本發行，但大部分的學術單位皆會在網路上購買並取得學術期刊，以取代放置於圖書館中必須實體出借的紙本期刊。幾乎所有的傳統期刊都有可隨時讀取

的網路版本，包括《美國人類學家》（*American Anthropologist*）、
《人類學與教育季刊》（*Anthropology and Education Quarterly*）、
《當代人類學》（*Current Anthropology*）與《醫療人類學》
（*Medical Anthropology*）。在本書出版後，線上學術期刊的發行數
量也大幅增加。有審閱機制的線上期刊，如《文化動力》（*Cultural
Dynamics*）、《教育政策研究》（*Education Policy Analysis
Archives*）、《世界人類學刊》（*Journal of World Anthropology*）、
《世界體系期刊》（*Journal of World Systems*）和《質性研究報告》
（*Qualitative Report*）等，亦是研究領域中廣被接受的知識載體，即
時分享了民族誌研究的深入見解與發現。利用電子郵件，學術同儕便
可以在很短的時間內審閱被投稿至期刊的學術論文。除此之外，使用
電子期刊方式發表論文，要比使用傳統方法發表論文來得快很多。與
用傳統方式發表所花的時間相比，學術同行們可以更快地評論這些使
用電子期刊方式發表的論文，並使得作者可以更快的修訂他們的文
稿。而且，利用電子出版的發行方式，使得期刊發行可以降低成本，
而讀者則可以免費閱讀這些內容。這種媒介形式也允許作者發表他們
的原始資料，包括連接到相同「頁面」上的訪談資料；這允許讀者們
立即自行分析資料，並可以根據其理論導向，使用其他方法對這些資
料進行分類。Glass（1997）在其關於學校選擇的電子期刊論文中對
其主題提供了一個初步的說明。她將其訪談資料直接連接到她的論文
目錄中（見**圖6.1**和**圖6.2**）。

　　一些同儕和出版商擔心這種方式涉及版權問題。然而，這個領域
的出版規則還在發展中，而傳統出版慣例正在成功地被應用到這些
新媒介中（Burbules & Bruce, 1995）。我亦在網路上發表過論文，而

- 研究主題
- 文獻回顧
- 研究方法
- 研究標的（學校）
- 研究發現
- 摘要與結論
- 參考論文
- 訪談資料

關於作者

Sandra Rubin Glass

Sandy.glass@asu.edu

Sandra Rubin Glass 是亞歷桑納州立大學教育學院的兼任教員

圖6.1　電子期刊——論文

資料來源：經由S. Glass和G. Glass授權重製。

訪談謄錄

請由下列之連接列表以獲取「市場與神話：私立學校和公立學校的自主權」之訪問全文。我於此授予非營利之學術使用者自由下載與重製此訪談資料之權限，唯請註明資料來源。

Sandra Rubin Glass

1. 主管1於Greenfield
2. 主管2於Greenfield
3. 主管1於St. Johns
4. 主管1於Crestwood Country Day
5. 主管1於Crestwood Country Day
6. 主管2於Crestwood Country Day
7. 主管1於Montevideo高中
8. 主管1於Portales高中
9. 主管1於Sunset高中
10. 主管2於Sunset 高中
11. 教師1於Greenfield

圖6.2　電子期刊——原始資料

資料來源：經由S. Glass和G. Glass授權重製。

我最近的一本書，《彰權益能評鑑：自我評量與責任的知識和工具》
（*Empowerment Evaluation: Knowledge and Tools for Self-Assessment
and Accountability*）（Fetterman, Kaftarian, & Wandersman, 1996）便
是同時透過網路和傳統的版印方式發表的。關於這種出版模式，我至
今尚未經歷任何對提供的網路資源其不當的濫用行為。而我更感受到
的，是知識理念的快速傳播。

　　學術性的書籍比起論文而言更為難寫，一部分的原因是書籍的文
章長度較長；另一部分的原因是書籍需要花費較多的智力、精力和必
須集中專心；一篇論文需要極大的努力以便將成堆的資料和大量的分
析變為簡明的辭句，而一本書需要重複許多次相同的努力。另外，一
本書是學識的最終型態，而且將被一代又一代的讀者所閱讀和評論。

　　不同於大部分的論文，書籍是被公然地評論著〔舉例說明可參見
Fetterman （1986c, 1986d, 2002, 2008）〕。雖然大部分的評論家都試
著對作品做一個客觀正直的評論（Janesick, 1986），但如果評論者和
內文不協調仍會是悲慘的一件事。幾乎所有的評論家都在尋找內容
的錯誤、疏忽的過失和概念上的瑕疵。有些評論家有足夠的智慧可以
根據一本書的價值來做評論；其他則是拿它去跟理想化而不甚相關的
範本做比較〔有關這主題額外的討論以及一個實例的舉證，請參見
Bank（1986）；Fetterman（1986a）〕。雖然一般不會邀請作者對評
論做出回應，但也有一些評論採取針對個人攻擊的風格，塑造出辛辣
刺激的特色，為了公平競爭和平衡的精神，編輯會邀請作者回應這些
評論。這樣的交流可以帶來良好的洞察，超越書籍本身的價值，為
這個領域做出貢獻。不過他們也能向下沉淪，帶來更多噪音〔這種
學術交流的本質見Stufflebeam（1995）；Fetterman（1995）；Scriven

（1997）；Patton（1997）；Fetterman（1997）；Scriven（2005）；Patton（2005）；Fetterman（2005）；Fetterman和Wandersman（2007）〕。在一些例子裡，出版者會選擇特定一位評論家，因為他對於主題的觀點是完全不同於作者的。與作者熟識的同事們會學習如何解析評論家的評論，並可以從這個練習中學到許多。雖然評論家的評論有時候大多會有所保留，但這個評論的步驟——包括所有的缺點在內（其中有很多[1]）——仍是可行的最好方式。

書本的流通有多廣泛主要取決於出版社。有些出版社擁有完整的宣傳系統，包括依據興趣或主題而分類的專業協會會員名單資料庫。這些系統可以使出版社確定他們的市場，設定他們的廣告策略。作者對這個步驟會有直接的興趣，因為通常作者可以收到版稅，並且可以保留有限的出版權，而出版社則是擁有書的版權。

出版成書通常是民族誌學家最不具時效性的一種發表成果的方式。一些民族誌是在田野調查後多年才寫的，一旦出版社接受原稿，實際的出版可能還需要一或兩年。當然，也是有例外存在的。一些出版社現在會要求作者以電腦處理原稿，以便加快出版的過程。雖然在原稿被接受到出版之間依舊會有所延遲，然而作者仍是幸運的，因為大部分學術性的民族誌書籍是沒有時間性的，而且具有保存的價值〔參見Whyte的《街角社會》（*Street Corner Society*, 1993），關於一個典型的範例（1955年初版）；同時參考Lareau（1987），有關此題目延遲出版的討論〕。

所有民族誌的描寫方式有著一些共同的特質，最重要的是詳細的描寫和逐字的引用。此外，民族誌現在時態的使用以及將民族誌學家的角色述說清楚的方式也是特點之一。

深度描寫和逐字的引用話語

　　深度描寫和逐字的引用話語是民族誌田野記錄、報告、論文和書籍最容易認明的特質。民族誌學家努力地詳細描述一個人文的景象或事件，目的是要傳達感覺，就如同傳達所觀察的事件實情一樣。理想狀態下，民族誌學家會和讀者分享受訪者所了解的情況。深度描寫是一個文化說明的寫作記錄。第2章在有關文化說明的段落裡討論眨眼和使眼色的差異，一個表淺的描寫將會簡單地描述成只是一個眼瞼快速閉合的動作，而一個深度的描寫則會提供前後文的關係，告訴讀者哪個動作是由於一粒灰塵掉入某人的眼睛所引起的眨眼，而哪一個動作則是在擁擠的房間內所傳送的浪漫訊息。因此，描寫將會合併人文的意義和民族誌學家的分析。

　　深度描寫可以逼真地描繪出各種人文的景象和插曲。以下的例子是發生在內地城市進行田野調查時所面臨的難題（Fetterman, 1986e）：

　　　　在探訪遺跡的最後一天，與一位學生進行了數小時有關於他的妻子和鄰居的對談後，他決定要帶我四處看看。他把我介紹給幾個在街頭混日子的頭頭。天氣越來越熱，而他知道我是從加州來的，所以他帶我進入一間健康飲食店去喝杯涼飲、吃點小點心。我們走了進去，我的新朋友對店家老闆眨了眨眼，並叫他給我一杯加了天然蘇打的飲料。我說了聲謝謝，並伸出手來拿飲料，之後我感覺到吧台下有東西。那是一個裝著大麻的袋子。我看了看老闆，爾後又看了看我

　　的朋友。我不想表現出任何的非難和忘恩，但當我同意扮演
　　一個客人、遊客和朋友的角色時，這並不完全是我心中所想
　　的。

　　　　一段時間過後，我聽到整齊的步伐聲。我從前面的窗戶
　　看出去，看到兩個警察經過，他們正透過窗戶向裡面看。我
　　的手仍舉在空中給大家看在我手中的混合物，但我的心卻掉
　　到地板上了。我的第一個念頭是，「我將成為失敗的人，我
　　要如何對與我一起研究的同事解釋呢？」

　　　　幸運地，警察快速地消失，就如同他們突然出現一般。
　　我詢問我的朋友到底發生了什麼事。他解釋說警察會固定地
　　收保護費，而且只有在他們需要錢或老闆沒有貢獻的時候才
　　會打擾你（pp. 27-28）。

　　進行田野調查時的初步記錄通常都是雜亂、冗長且難以處理的。
作者必須小心地選擇和刪除這些記錄，以便在報告或書中闡明一個論
點或提出一個見解。民族誌的寫作是一個縮減的過程，因為民族誌學
家會將田野記錄變為寫作的內文。其目的是以一個簡明而完整的方式
來陳述事實，而不是翻印每一個項目和每一個字。若是要逐字做一個
完整的翻印，不但不可能而且是不能令人滿意的：因為這不是科學，
沒有人會花時間去將它全部讀完的。

　　逐字的引用話語同樣是民族誌的必要條件，它們是一個人的想法
和感受的永久記錄。逐字的引用話語可以傳達人類的恐懼、憤怒、挫
折、興奮和歡樂，並包含了一個人生命表面和底部深埋的意義。它們
可以呈現許多概念給讀者：包括基本的「事實」資料、社會和經濟的
指標，以及內部的一慣性或裝飾性的不調和。讀者可以從這些段落推

斷說話者的價值觀和世界觀。

逐字的引用能幫忙傳達一瞬間的感覺給讀者。另外，在報告和民族誌裡明智地使用這些未經過處理的資料，可以提供讀者充分的資料以便判定民族誌學家的說明和結論是否有保證。

在研究輟學生的計畫時，我從一位住在鄰近地區的年輕母親身上學到有關於輟學生在社區內被僱用來縱火的事件。她的話傳達了這個犯罪事件的生動景象（Fetterman, 1983）。Corina說她：

> 清晨兩點醒來接到一通電話，電話裡的男人要我在十五分鐘內離開房子，因為房子就要著火了。那就是他們在縱火時所做的事，他們就如同那樣子地在清晨兩點打電話給你。我的頭髮還上著髮捲，而且我還穿著我的浴袍，那就是我所擁有的全部了。我住在二樓，而我的祖母住在三樓。我仍然記得看見火焰在她的輪椅上圍繞著她。我嘗試去救她出來，但我無法做到。你知道的，我有風濕，所以我很虛弱，我救出了我的嬰兒，而她是那麼的沉重使我無法救她出來，只能眼睜睜地看著她死掉。我到現在仍然在看（精神科）醫師，因為我會夢見這件事，它仍然讓我害怕。我沒辦法救她（p. 218）。

Corina個人災難的重要性和這個犯罪的個人本質可能會在第三人稱的描述裡遺失掉。因此逐字的引用她的話提供了一個有關於輟學生在社區內被僱用來縱火的影響之簡明、正確的描寫。深度描寫和逐字的引用話語在民族誌裡具有極大的字面有效性，在此可見一斑〔參見Ryles，引自Geertz（1973）〕。

民族誌的現在時態

　　民族誌通常是用現在時態寫成的。民族誌的現在時態是生命的一部分──一個不動的影像。這種文學的錯覺暗示著此文化在時間的經過下仍然不變──即使是在民族誌所描述的時間之後。民族誌學家能敏銳地察覺到社會文化系統的改變，他們通常會注意一個計畫、一個文化或任何團體的改變。田野調查可能需要數年的時間，但民族誌學家在描寫那些事件時就如同是今天發生的一樣。這個規矩一部分是為了語言上的方便。然而，它也是維持描寫的一貫性和使故事變得活潑的方法。基本上，民族誌學家使用現在時態，是因為田野調查──雖說可以無限期的繼續──卻一定會在某些任意的時間點停止。田野調查從來沒有完成過；只是終止而已。因為時間和其他的資源不是無窮盡的，而且當地人會對被觀察感到厭倦。民族誌學家了解到不論研究的時間有多長，文化將會在田野調查結束的那一刻改變。民族誌學家所能做到最好的是盡可能正確地描寫文化，直到改變的那一刻。理想狀態下，民族誌的現在時態對於民族誌學家在研究時的人文印象是真實的。

民族誌學家的存在

　　民族誌學家要避免太過突出，將他們對自然狀態的影響減到最低。他們的目的是在另一個文化自然的運轉下去描述它。然而，民族

誌學家是誠實的，他們承認他們的存在是這個人類方程式中的一個要素。因此，與其呈現一個虛偽不真實的景象，不如率直地描述在田野調查時他們在事件裡所扮演的角色。民族誌學書寫者的聲音，能在場所、數據資料和關鍵角色的關係討論中被聽見，這是民族誌學家嵌入研究中的反思（reflexivity），是遠離客觀性的意識。民族誌學的存在告訴讀者，民族誌學家有多貼近文化裡的人們和資料，以及他們在這個故事裡的角色。這個技巧可以提供給研究者額外確實性的發現。這些深藏的自畫像同時可用來當作品質管理，能證明民族誌學家在研究時對人們的污染或影響程度。

同時，民族誌學家不應該支配環境，民族誌學家的簽名也不該出現於每一字或每一頁（除非焦點是直接放在民族誌學家身上，如自我民族誌[2]中的研究主題）（Chang, 2008; Ellis & Bochner, 2000; Jones, 2005; Reed-Danahay, 1997）。研究者不需要特別說自己的想法來表明其聰明才智。在描述一個文化時，寫作的焦點應該放在主題上。在每一部希區考克（Alfred Hitckcock）的電影——螢幕上都會出現幾秒鐘的簽名——這是一個清楚表示其存在的範例。而他的風格，特別是他對攝影機角度的使用，則是一個含蓄表示其存在的範例。民族誌學家在他們的工作裡留下了清楚及含蓄的簽名，有些是絕妙的，有些則大膽的如同梵谷在他「玉米田裡的烏鴉」（Cornfield with Crows）這幅畫中畫一短橫線一般。巧妙地製造民族誌學家的存在，可以顯示出民族誌學家在田野經驗的深度和廣度。

民族誌的報告

民族誌學家並非總是有機會能完成一本十分成熟的民族誌。相反地，他們必須要寫民族誌的報告或其他的出版品。一份根據民族誌資料所寫成的報告，可能需要花費和一本民族誌一樣的努力，或它可能藉由應用一些民族誌上的概念和技巧在研究上而近似於那份努力。不論是哪一種，報告都有著民族誌的風味，但它的結構和模式類似於那些由公立或私立部門贊助者所提供資金的出版物。一份根據民族誌資料的報告對適當的讀者來說，就如同一本民族誌一樣的有用，然而卻不會是一樣可信的，因為當民族誌的概念和方法沒有以完全的方式使用時，作者會遺漏許多固定的品質管理。

文學作品

文學作品是人類戲劇的敏銳觀察者，它們創造了最優秀的故事和表現基本價值觀以及社會關係的角色。文學作品在田野調查中的各個階段對民族誌來說都是有用的。在田野調查時，每天生活中所發生的事件常常對比於文章的情節，這些類似的東西可以幫忙解釋民族誌學家所參與的複雜工作。

不管怎樣，文學最常被用來當成幫助民族誌學家傳達他們所發現的現象之工具。一些文學的規矩和寫作技巧可供民族誌學家使用。作者可能會假裝不同人的口氣，可能表現出全知的或是率直的，也可經

由敘述體的方法來擴充或縮小。大量的使用具體的隱喻、豐富的比喻、對句法、諷刺和許多其他的方法，可以傳達一瞬間真實的感受。

　　民族誌學家使用這些文字技巧來使他們的科學變得意味深長和有效。我引用莎士比亞的名言「一個錯誤的喜劇」（a comedy of errors）在我〈責備受害者〉（"Blaming the Victim"）的文章裡，它是討論有關輟學生的研究（Fetterman, 1981b）。這句名言適切地用一種精確和立即可理解的方式，來表現研究時待遇控制（treatment-control）計畫的誤用，以及政府官僚政治的介入。如同在全國性的研究成果裡，一個關於教育性的機構和研究者的行為描寫一樣——這句話傳達了經驗的不合理，就如同它的悲劇一般（misevaluation）。

　　Henrik Ibsen的故事「人們的敵人」（An Enemy of the People）提供了一個強力的影像，正確地反映出我的經驗，我嘗試出版我在研究輟學生時有關於待遇控制計畫濫用的研究中所發現。在這個故事裡，Dr. Stockmann是戲裡的主角，他是一位醫學方面的政府官員，他嘗試去發表對鎮上有名的溫泉浴場污染的發現。但遭到鎮民重大的阻礙，因為鎮民的收入來自於時常出入浴場的遊客身上。我用這個沉痛的例子來傳達我自己的挫折感；它表達了我在公開討論教育研究範例的誤用而面對嚴厲抵抗時，所經歷的情緒張力和侮辱（Fetterman, 1982b）。有關藝術的寫作也是交流的一個有效方法。在同樣的文章裡，我用藝術來說明一個概念，並從讀者和觀察者身上——就像達利畫的繪畫，循環往復——得到對情況的了解〔參見Clifford and Marcus（1986）有關深入民族誌文學的詳細見解〕。

校訂和編輯

　　寫作的最後一個階段通常包括校訂和編輯。寫作是呆板的，也是藝術的。段落必須修改以便適合正確的組織和概念的順序，句子要有文法，用字遣詞不要模稜兩可，而引用要與參考資料相當。詞彙要小心地修飾以引起讀者的想像，但依然是要符合科學的。舉例必須是引人注意且清晰的，標題必須能抓住讀者的眼光而且仍是誠實的。作者必須精練作品裡所有的項目，以便確定作品是切實的、在觀念上是連貫的，以及可理解而精確的。而這所有的工作都需要花不少時間的〔關於有用的寫作指南，請參見Bernstein（1982, 1993）；Strunk和White（2000）；關於優秀畢業生文本，請參見Barzun（2001）；Pak-tao Ng（2003）〕。

　　適當的組織化可以減少寫民族誌作品草稿所需的時間，但是校訂和精練則需要額外的時間和極大的心力。所需的時間取決於第一份草稿的品質、作者的資質，以及截稿的期限。重要的朋友和同儕審查時間也應分派妥當。

　　對於細節的注意是很重要的，包括校對。缺少一個單字或一個字母會在不注意中改變整句話的意思，而一個綜合說明的章節可能在編輯和排版的過程中會有所遺漏。對原稿編輯的注意如果不夠充足的話，可能會損失掉最後的修改機會。用在這些項目上的時間通常是耗費頗多的。

注釋

1 只有8%的科學研究學會（Scientific Research Society）成員認為同儕審閱機制仍名副其實，顯示了期刊出版的「同儕審閱機制」已減低了它的可信度（Chubin and Hackett, 1990: 192）。另外，根據著名的醫學研究學者David Horrobin指出，「同儕審閱像是一個無法確證的謎題，其審閱過程所得到的結論只比隨機決定好一點」（Horrobin, 2001）。再者，「近期美國最高法院的裁決，以及一個關於同儕審閱機制的分析研究，皆對這個科學研究的基本面向提出抗議」（Horrobin, 2001）。

2 自我民族誌（autoethnography）是一種後現代民族誌的形式。在自我民族誌裡，研究者是研究重點與調查的重心。它使用了許多文學寫作的慣例，對其的批評認為，這種形式是一種後現代踰越（postmodern excess）與自戀。無論如何，支持者認為它是一種可以連結個人故事與文化事件的工具，文化議題圍繞著個人故事，其意圖欲揭露偏見與社會化的影響。自我民族誌也經常意圖挑起對現狀的思索與重新審視。

走過荒漠：倫理

除了攝影，什麼都不取；除了足跡，什麼都不留。

——摘自國家洞窟學會期刊

民族誌學家的工作並不孤立，他們生活、工作於人群中。他們常窺探人類最深層的祕密、神聖的宗教儀式、成就及失敗。為了追求這種對人的科學探究，民族誌學家訂定了一種倫理的規則來保護參與者的權利，促進這個領域相互間的溝通，並保留一扇門給繼起的研究者。

這個規則最先是為了不讓民族誌學家因研究而去傷害研究對象或社區，且為了尋求通往文化荒地的一個合理路徑，民族誌學家很小心地不去踐踏原住民的情感或褻瀆其文化中神聖之處。對於社會環境的尊重，確保的，不只研究對象的權利，也包括了資料的完整性及研究者與研究對象間互利永續的關係。專業且精細的步驟，展現出民族誌學家對於「研究對象生活的方式」最深的敬重、讚賞以及孺慕之情。非侵犯的民族誌不只是良好的道德更是有效的科學〔見美國人類學會（1990）〈專業責任的原則〉（"Principles of Professional Responsibility"）；同時參見Rynkiewich和Spradley（1976）；Weaver（1973）〕。

這一章將簡要地討論在民族誌方法上的多樣化，描繪倫理決策的複雜性。此刻已融入民族誌學研究的生命週期中。

民族誌學家所扮演的角色

研究者在探索一個文化或其特定問題時所扮演的角色，決定了議

題被定義的方式。就像是心理學家、人類學家、醫師和政策制定者可能會以完全不同的角度來定義同一個問題。同樣地，不同類型的民族誌學家也可能以迥異的方法來定義及接觸相同的問題。而這本書就在摘取民族誌共通特性的精要，這裡著眼於民族誌學家的特殊角色是如何影響研究的每一階段，從定義問題到發表研究成果——不論是理論上或應用上的。

學院派民族誌與應用民族誌

學院派民族誌即如其字面所指，在學院裡啟發學生及同僚，建構出文化或學說的知識基礎。在這裡，研究主要是理論且基本的，然而，關於應用的研究也同時存在。

應用方面的研究通常以社會的改變為目的，也常常影響既定政策。大多數應用民族誌的工作——包括管理、行動及倡導民族誌——發生在學校、醫院、政府機構，以及其他學院外的組織機構（Spradley & McCurdy, 1989）。每一個方法在知識及行動的發展上都扮演了重要的角色。民族誌學家選擇最適合自己的個性及專業的方法，在適當的背景下，每個方法都是合乎道德而有益的。然而，它也可能造成道德上的困境或束縛。民族誌的研究——就像科技一樣——更好或更糟，道德或不道德，端賴人們如何去運用。

學院派民族誌學家

來自同事及贊助者的各種壓力塑造出學院派的民族誌學家。就跟

其他的專家一樣，他們也被迫去「適應」體制。工作上的表現對大學教授而言是非常現實而殘酷的，這影響包括了終身職位，即每年不斷增加的薪水及升等。然而用來評價學院派民族誌學家成功的標準，與評斷應用民族誌學家的表現是不同的。學院中的評價大多倚賴獎助金、論文、文章、著作、工作委員會的貢獻、聲譽及教學成就上的多寡。這些壓力及需要影響學者研究的方向——特別是當他們決定如何去著手一個問題和如何解決這一問題時。在這領域中，校長、主任及其他資深的同事影響了新進學者對於問題的認知。研究者在探索文化或問題時所持的理論可能決定其專業地位。而這會影響到研究者及參與者在接受審查時成功的機會。相同的壓力也來自財務。為了爭取研究基金，學者必須在個人的研究偏好與基金會所投注的焦點間建立關聯。為了獲得有限的資源，必須學會如何去定位並設計研究標的以獲得補助，這項工作需要機智包裝審查的焦點，並在撰寫其他獎助計畫時，用一個單元分析取代其他的。

學者須有創業、進取的精神並能自主的追求學問，就理想而言，這些學問崇高的目的在於——加強對社會及個人的啟蒙、自我覺醒與認知。但學者可能會迷失而執著於對上古神祕的探求。

關於永遠是象牙塔裡的一個議題。而內在自省的壓力，發掘那些公眾所認為不可碰觸的、天生的、承襲已久的制度〔Jacoby（2000），在這項議題上有精采的討論〕。學者努力的關聯必來自問題的表徵之下。每一項研究的努力都承載著知識的發展，並以某種方式對社會有所貢獻。

Habermas（1986, p. 314）提出「知識和興趣即是一切」來強迫研究者自問為何、為誰而研究。每個人都一定能從縝密的研究過程得到

利益，而研究者需要清楚他們在每個研究中，整個渾沌的既得利益裡所能得到的及所扮演的角色。這個問題不是為了使研究者氣餒而停滯不前，而是要去影響研究者設計問題，並在結尾中自省。

　　純理論民族誌學家就像大多數的研究者一樣，盡力以最學術性、合乎道德的方式來進行研究，只是來自真實世界的壓迫卻也確切地影響了他們的研究。象牙塔裡的神話讓很多人相信純理論人類學家可免於外界的影響。而事實上，他們受到既得利益者的影響及壓迫，並不比應用民族誌學家更多或更少。

應用民族誌學家

　　應用民族誌學家所遭遇的困境來自於他們的背景。一項關於最值得注意的應用民族誌學家其道德決定的類型所做的討論，提供了一些線索：了解不同民族誌態度的差異，其關鍵在於了解民族誌學家控制的層級，包括了從設計到研究的成果。

管理民族誌學家

　　管理民族誌學家（administrative ethnographers）努力控制的是研究議題的設計而非成果。他們引導研究，但卻由管理者構思並執行企劃或革新。對我而言，大部分工作的評價都停在這個範疇（Fetterman, 1984；Fetterman & Pitman, 1986）。例如，在輟學研究中，我引領這個研究，但另有三個機構在執行這個計畫，並根據研究中的發現提供基金。大多數的既得利益者拉攏管理民族誌學家，包括學生、教師、父母、校方、學校管理機構、當地的學校機構、企劃的傳播者、贊助商，還有一般的納稅人。

　　傳統的人類學訓練讓民族誌學家在研究中以世界觀來處理可能發生的衝突，但不能解決因背景而產生的混亂和被扭曲的道德困境。就像是在報告研究成果時對管理民族誌學家產生的一樣。傳統的訓練告訴學者要將成果分享予每個參與計畫的人，但在輟學研究中，跟政府所締結的議定書卻要求研究只能報告予贊助商及傳播企劃的機構。這時，簽下契約研究此議題的機構只能相信，傳播機構會發揮整個計畫的最大利益，並與所有人分享這項研究成果。

　　可是傳播機構並不想讓兩個輟學計畫的當地相關人員得知結果。基本原因在於計畫是新的，而且可能無法提出有益或正面的結論。另一個困難則是，必須與傳播者競爭整個工作的控制權，這樣的壓迫使我們處在困境中。這時，研究法人達成了一個有創意的解決之道：如同契約書所要求，它將報告對交付給傳播機構及贊助者發表。一紙證書伴隨著報告聲明：研究者在當月終了時能請求給予對每一項計畫的直接評論。它也闡述，計畫並非隨時都有進展，研究者可以假定報告在郵寄中遺失，然後直接與計畫有關人員聯絡——並寄予研究報告的「另一份」副本。這個策略同時讓研究者不必妥協，也不會違反議定書。

　　當民族誌學家在大學或法人中擔任管理顧問時，問題加倍嚴重了。在這樣背景下，民族誌學家對特定的聽眾報告，即高階管理者。民族誌學家能將道德困境最小化，藉由忍受一開始即為大家所認知的，報告將只在有限的範圍內流通。只是，參與者總是毫不懷疑地期望著至少能收到初步的回饋。研究者可以藉由電話、拜訪或備忘錄來滿足這項期望，但幾乎沒有管理民族誌學家能將所有參與者的名字列入最後報告的名單中。特別是在某些敏感的案例中，像是對不道德或

不合法的人員所做的研究，將結果送予其他非涉案人員或非適當管理人員是不負責任的做法。

參與者經常分享對組織的基本價值觀。多數受僱者普遍認知公司體制對資訊管理的控制權，這樣不成文的規定存在於溝通的層級上，因此，參與者並不期望所有的資訊都能公開。這樣的態度也造成了一種困境，同時採用管理者及員工的觀點來看待「錯誤的」層級是不適當的，甚且是種禁忌。

就跟所有的研究一樣，民族誌學家最基本的道德問題是：誰來決定研究的方法及結果？然而在輟學研究中，這問題並不存在，因為政府掌握了一切。這整個計畫和研究如果沒有政府的支持就不存在了。因此，在這種情形下，問題變成：研究努力的成果是否有用且有利，以及它能不能告訴大眾社會上存在著一個如此重要的問題？部分答案決定於政府官員將結果公開──不論他們公開在哪裡──或做成政策性的結論。作為一個管理民族誌學家，在贊助者所預設的結論已成定局時，我必須減少努力參與的機會；而這樣的行動，永遠存在著科學及道德的騙局。

行動民族誌學家

行動民族誌學家（action ethnographers）盡力不去扮演一個有力的角色；而只是引導研究，包括原始的設計、計畫的結果或革新。Sol Tax──這研究方法公認的創始者及開發者──將這運用在印地安狐族（Tax, 1958）。他是狐族人的催化劑：他闡明問題並為社區的改變列出各種選擇及替代方案。對革新方案或目標的決定權，仍歸於狐族人，例如改變族群的經濟地位。族群也自行決定改變方法──例

如，製造並販賣陶瓦。

行動民族誌學家只有在社區能自決的情形下才能發揮作用。像前文提到的輟學研究，既無法凝聚或賦予其權力來改善其困境，在別無方法下，採用行動民族誌仍是不恰當的。此外，行動民族誌需要有相關族群做決定的過程，這也是輟學生不合格的地方，因為他們沒有這樣的政治體系。最後，行動民族誌需要族群能控制必需的資源促成所希望的改變。在Spradley（1970）的研究中，輟學生就像個流浪漢，無法控制實際改變所需的資源。

這麼一段時間下來，在顧問的工作[1]中，我已能接受行動民族誌的方法。在一個用和平談判來解決活動場所中鄰居與學齡兒童發生衝突的機構中，僱用一群史丹佛的研究者來幫助戰士們決定他們的目標，去描述並評價為和平所努力的現況，並提供各種替代方案來促進及擴展努力的成果。作為主要的研究者，我發覺這樣的努力令人滿足也使人挫敗。我與參與者一起工作的過程中得到樂趣，並讓他們為自己的命運做決定，而且我深信他們做得到。可是看著他們做出問題重重、不太可能成功的決定是困難的，尤其是當我已知道——且警告過他們的時候。

這樣的努力浮現出兩個重要的道德困境，普遍存在於其他行動民族誌的計畫中。第一，民族誌學家必須相信，幫助族群去決定它的未來是合適且有好處的，除非這族群有破壞或壓迫社會的傾向。民族誌學家必須在促成它之前自我質問方案的價值何在。

第二，民族誌學家本身的偏見表現出一種更為微妙而實際的道德問題。對一個族群或客戶表現出各種選擇是很容易的——甚至包括學者本身不贊成或不喜歡的選擇。可是，民族誌學家必定會下意識地去

控制將差別心態反映在個人的表達中。他可能一不小心將焦點專注於某一替代方案多於另一種方案，或是花較多時間以中肯而有說服力的方式來解釋他較喜歡的選擇，雖然這不是有意的。然而資訊的負荷也會勸阻人們去考慮一項選擇──無意的。當創造可自由選擇的幻象時，有太多故意或非故意的手段可被用來影響決定的產生。

民族誌學家能藉由清楚直接的表達方式來控制這微妙的偏差，例如，引導對其他人做選擇或測試重要的陳述，可幫助民族誌學家決定，對每一項選擇介紹所應該花的時間，或重點介紹是否相同；並在表達中，找助手來觀察並檢測，如何將每一項傳達的資訊，所可能導致的微小卻可察覺的差異減少。自我訓練和自我批評是唯一用來控制下意識避免去干擾參與者的工具。

倡導民族誌學家

就像其他研究一樣，倡導民族誌在研究者生命中占大部分。倡導民族誌學家（advocate ethnographers）讓參與者去界定現實狀況、如何才是對問題最好的解決方法，並在改變社會時採取主動。這些民族誌學家在群族扮演倡導者的角色，他們在公眾場合中寫下改變大眾的主張，使得掮客羞慚，並在政策決定的場合上，於適當的時機提出相關的資訊。

在進行輟學研究並且決定這計畫應該繼續下去時，我主動將這件事傳達給在政府或準政府組織中的每個人。這個計畫的研究小組則以民族誌學家的觀點充分地準備一場「聯合傳播觀點重述的自我評判」（Joint Dissemination Review Panel Submission），以增進這個計畫的有效性，並可爭取未來的補助金。

　　身為學院的倡導民族誌學家及政府的背景下，我寫論文並發表，在這個輟學研究中治療控制的錯誤應用。我解釋道：這些年輕人給社會機會去應用這樣的計畫，但卻被拒絕處於控制的地位，得到的只是一巴掌。我也提出，贊助者對複製輟學計畫所持的構想偏離了目的。計畫就跟人一樣，必須適應所處的環境。以為複製計畫就跟複製細胞一樣，是不實在的，而且是一開始就注定失敗。兩個方法因此責備了受害者——學生和輟學研究。當這些努力無法行使時，這種評量所有社會計畫的方法又形成法案時，我決定以批判的觀點寫下並出版這些文章（Fetterman, 1981b, 1982a, 1982b）。

　　相同地，在對州政府、國家、全世界等不同層級的資優教育所做的廣泛研究後，我又出版了一本書同時給外行人及這領域的專家。書中指出資優兒童在一個中庸的體制裡所遭遇的困境（Fetterman, 1988a），試圖告知受過教育及關心此事的市民，資優兒童的特別需要。這些行動符合Mills（1959）的立場：

　　　社會科學家對其工作所認可的潛在意義被塑造成「意外」，或者由他人的意念來決定此意義的運用，都是不必要的。討論工作的意義及決定其運用的權利完全屬於他們（p. 177）。

　　將結果表達給關心的大眾是民族誌學家的合法責任。只是，這樣的提倡是一種政策或公關活動，表達的主要目的是在影響資訊的被運用。身為一個引導研究並發表結果的研究者，如果玩弄政治手段的話，很容易就變成政治遊戲的一顆棋子。行動民族誌是合法且合乎道德的，但只有當研究完成時方能運用。

研究的生命週期

倫理普遍存在於民族誌工作的每一個階段，而縝密的民族誌工作更是常處在方法與道德決定的十字路口。民族誌學家發現當他們必須做出睿智又合於科學及道德的決定時，他們即處於兩難的地位。

初發期及胎兒期照護：問題

對文化或次文化和問題的選擇及定位，各自組成了重要的倫理決議。這些決定告知在整個週期裡的初發期及胎兒期。這抉擇深埋了計畫概念的種子，並養育它們長成一個完整的想法及研究計畫，就如同在第1章和第6章所討論的。

在研究中有無數的問題，整個架構裡，某些是比較重要的，而某些是受評價所累且充斥著既得利益的。民族誌學家則偏重於主要或次要的利益。就像在我所做輟學研究中，不同團體的人用不同的方式來定義問題，認知的差異造成他們對問題的各種觀點。政策制訂者則對它能反應嚴重的勞工市場問題感到興趣——高輟學率和高青年失業人數，他們也對學校到工作之間的推移演變感到興趣。然而社會改革家則認為這個問題是個工具，可推動歷史上社會的不公平，促使社會為未成年少年而改變。研究學者則視其為探索美國教育機會均等的可能性。問題的選擇及定義就跟研究方法一樣，是倫理的陳述。

懷孕期與出生：計畫

　　研究計畫中的人、事、地都在請求研究基金的提議中首次浮現，而為補助金所寫的提議也為這個研究定下了基調。有經驗的民族誌學家學會掌管這個時期並控制預算——供給田野調查者、儀器、思考的時間；資料的分析及發表成果。粗劣的計畫對努力期間整個的健康、穩定力、壽命造成嚴重的影響。不合適的計畫迫使民族誌學家浮濫預算、排除研究中的重要部分，或在未成熟即被迫結束，在過程中會產生極大的壓力。而擁有原始數據的人，在這個階段也該於此時對問題確立答案。民族誌學家通常努力維持控制原始數據，以維護機密性並保護重要線民及其他參與者不被過度利用。把原始資料的所有權列入說明書中的好處，已不只一次在我研究裡證實。

　　相同地，民族誌學家必須把他們方法的意圖清楚而誠實的表達給贊助者。而不誠實的部分，包括重要的疏忽，都會在稍後的研究中浮上檯面。並且在書寫與提出、接受或拒絕提議的這段時間，都是屬於懷孕期的一部分。然而某些提案流產了，某些被拒絕了，只有最好的（或至少是最成功的提案）從爭取全額補助的困難中顯露出來。

催生：機構評議委員會（IRBs）

　　本章描述引導研究之原則及標準，民族誌學家用這些原則來指導與提示民族誌的實踐。此外，由評議委員會來評量更多的聯邦政府及其他支持民族誌研究的獎勵，研究開始前須事先獲得同意。評議委員會由研究人員及管理人員組成專案小組，共同評審保護計畫中的「人體試驗」以避免個案受到傷害。首先要考量的是「倫理」及保護「個

人」。 之所以需要評議委員會是因為的確曾有研究傷害到個人，範圍從Tuskegee的實驗（Heller, 1972）中以非裔美國男性感染梅毒而不治療去探究此疾病的效用的研究，到納粹科學家進行殘酷的人類肌肉實驗（Weindling, 2005）不等。評議委會要求在進行實驗前要充分告知參與者相關的資訊，以便參與者能下正確的判斷。同時參與者有權隨時終止參與實驗，必須隨時停止不必要的危險。同時研究對社會的貢獻必須大於傷害。對民族誌學家而言，評議委員會代表一道明顯的防護柵欄，因為許多民族誌學家並不知道會被問哪些問題，例如評審委員並不用社會學或人類學的研究模型，而採用了一個生物醫學的研究模型，如此參與者經常是協同工作人員而不是被治療的對象。縱使有這些法律上的考量（Denzin, 2003; Madison, 2005, pp. 118-119），但對於評議委員會來說，一件撰寫得宜的研究計畫案通常具備詳盡的方法、面談的問題、制式的調查問卷或同意函是非常有用的，而且是被接受的。在計畫書被評審之前，許多評議委員可以協助發現並解釋問題，甚至提供建設性的意見，如此可加速計畫進行。計畫書與評議委員會能驅使民族誌學家提前思考與規劃工作的方向（在研究領域上難免會有修改或大幅調整的可能，評議委員會具有「第二套眼睛」來檢視的優點），儘管在該領域必然會走彎路和被要求改道〔見Sieber（2009）關於合乎倫理規範研究的詳盡內容〕。

幼兒期：田野前的準備

有了健康的開始後，民族誌計畫進入形成期——田野前的準備。雖然提案已表達了詳細的藍圖，計畫了民族誌學家要做的事；但在進

入專業之前，大部分的工作仍然存在。學者必須確認主要的關鍵角色
和報導人，詳細的行程、會面的約定及安排其他計畫進入此領域。此
外，在這時期研究者能緩和大多數倫理道德、方法、契約上的意外，
經由和贊助者一同不斷的「檢查」。此時，第一印象支配了互動情
形。贊助者、計畫人員或社區成員可能會估算錯誤、溝通不良和違反
契約，造成倫理上的缺失或徹底的欺騙。這些違背有意或無意、真實
存在或僅是意識到的，都可能使民族誌的研究中途夭折。因此民族誌
學家必須非常小心的進行田野調查。

青少年及成年期：田野調查

田野調查的引導，剛開始就像青少年——對這整個計畫的參與者
及本身而言。田野調查者必須學會一種新的語言、新的儀式和大量的
新文化資訊。這時期主要有大量刺激的因素、挫敗與困惑。民族誌學
家要學習去容忍人格及專業上的混亂，並當作是學習經驗的一部分。

很多潛在的委託人會突然出現在研究生命週期裡的任何時期；但
它們在青少年時期開始，可能是來告知贊同，也可能來帶領精密的研
究努力成果。

同意書

民族誌學家為了傳承它們的工作，必須尋求正式或非正式的同意
書。尤其在學校地區，正式的說明書更是必要的，通常民族誌學家得
要求伴隨著有詳細的目的解說和學說計畫。同樣地，在大部分的政府
機關和私人企業，研究員必須提出一份正式的請求來獲取書面的同
意，要求和同意的標準隨著研究的背景而改變。舉例來說，並沒有一

個正式的架構存在可供研究者和案例中的流浪漢溝通。然而，一份正式的同意在實施這學說上仍舊是必要的，在這樣的情勢下，要求可能就被簡化成這樣的問題來詢問流浪漢：「我對研究你的生活很有興趣，如果你方便的話，我想要請教你一些問題。」在這樣背景下，除非是當事人要求更詳細的解說，否則詳細的解釋目的和理論反而會引起不良後果。同樣的，在獲得一間大公司的初步認可後，民族誌學家還是必須去詢問個人，是否認同來談論這個主題。照相或錄音的動作也必須獲得參與者的認可。尤其是如果研究者想把照片用在專業研討會上、公開場合或演講上以供教學目的之用時，書面的同意書就更為重要了。這些標準的目的都是盡可能地直接簡單的保護個人隱私。

誠實

民族誌學家必須以正直的態度面對他們的工作，解釋他們計畫想做什麼和他們計畫如何做。在某些案例中，詳細的說明是必要的，而在其他案例中，普通的談論反而更為恰當，這些都要根據聽眾的類型和其對主題的興趣。幾乎沒有人想要詳細探討民族誌學家工作的理論和方法的基礎。然而，從事民族誌工作的民族誌學家必須從頭到尾清楚此學說，如此才可隨時提供資料訊息給需要的人。

虛偽的技巧在民族誌的研究中是不需要，也不適當的，民族誌學家不須藉由隱藏他們的努力，和使用精心策劃的伎倆來使人們對特定的刺激有所反應。其他的學說在這方面的態度不一樣。例如，心理學的研究通常需要實驗對象不知道實驗目的。

在大學時，Milgram以對權威是否遵從為實驗目的的心理學說中，我是一個「盲目」的實驗對象。這實驗是簡單且巧妙的，研究員

告訴我們這實驗的目的是研究虐待對記憶造成的影響。實驗對象假想的扮演老師和學生的角色。「老師」必須教「學生」一連串的文字配對，老師被指示當學生每次犯錯時要電擊他。因此，第一個詭計包含了誤導參與者實驗目的和學生的共謀——而這學生是盲目的實驗對象，但事實上他是實驗團中的一員。

扮演「老師」的我坐在一個小房間，面對被捆綁在椅子上的「學生」。這實驗主導者告訴我，我有這種權威——就是當學生在已經設計過的測驗中發出令人不滿意的反應時，我可以電擊這個學生。主導這實驗的人跟我說他會對這實驗過程中發生的任何事負完全的責任。為了得到我的學分，我必須參與這項實驗。

那時，我走出了實驗室，實驗主導者和實驗對象到走廊上追我，並喊著「停，等一下。」他們就道歉並開始解釋這實驗到底是如何進行的。

他們解釋說傳統上約有65%的老師會繼續電擊這學生——即使他們被告知每一次錯誤電擊的電壓會持續上升，且學生已有心臟不適的狀況——只要他們知道有人會對這些狀況負完全的責任他們就繼續做下去，他們並且告訴我並沒有給予真正的電擊（第二個詭計）。這實驗只是要簡單的測驗在不用對行為完全負責的狀況下，人們的行為會到達什麼樣的地步（他們並且告訴我，只要做完這實驗，即使我的反應是異常的，我都將可以獲得兩個學分）。

這個實驗的結果提供了我們對納粹黨和大屠殺行為多一層的了解。然而，這實驗方法留給我不好的印象，使得我以後對於心理測驗的實驗都更為小心。這實驗並且改變了我們對其他真正參與心理實驗的行為。我發現我自己會公式化的試著去推想他們想要什麼樣的結果

——然後做出相反的反應，研究員們害怕如果告訴我他們的目的，我會污染了他們的實驗。結果，我和其他有相似反應的學生污染了好幾個研究。

民族誌學家意識到這個問題，他們靠參與者的協助完成了他們的研究。如此高度的掌控、詭譎的策略只在某些簡短的事件中有用，它們在長期的關係中則沒有作用。此外，民族誌學家對人們在自然狀況下會如何思考、如何動作很有興趣。就像其他研究員一樣，人類學家擔心參與者會想要試著告訴他們想聽到什麼，或試著對研究討論事項做二次猜測。詭異的方法加強了有關的策略，並破壞了民族誌所必須的責任。

信任

民族誌學家為完成他們的工作，必須獲得他們所要共事的人的信任。要維繫與建立這樣的信任，民族誌學家必須學習在各社區或團體下研究多層次涵義。民族誌學家將這種關係建立在歷史的基礎上，並用文字或非文字的方式傳遞這樣的信任，他們也許只簡單說明，但在需要產生時他們也會信心滿滿的承諾。就非文字的方式上，民族誌學家靠自我的表達和普通的行傳遞信任：合宜的服裝、開放的肢體語言、握手，以及其他非語言的暗示，可以建立並維持民族誌研究員和參與者間的信任。

行動勝於言語。一個民族誌學家在這領域的行為通常是鞏固和建立信任最好的方法。人們喜歡說，民族誌學家喜歡聽。當人們意識到民族誌學家將會尊重並保護他們的談話時，他們每天都逐漸提高對民族誌學家的信任，相信研究者不會違背他們。信任也許是個瞬間並自

動的化學反應，但是大多數時候這是一種長期穩定的過程，就像建立友誼一般。

　　民族誌學家通常會和一起從事實驗研究的人們維持一種絕對的信任。一位有威望的黑人領袖邀請我到他家，商談他那由政府支持卻半途而廢的管弦樂編製法節目。在那晚非正式的會面中，他向我解釋為什麼他從未在他的組織中邀請白人加入的原因。他聲明這樣的限制是不適當的，僱用一位白人就剝奪了一位黑人的工作機會。此外，白人使他的生活悲哀，僱用白人無非是一種自我輕視和自我怨恨的行為。

　　這種反向的差別待遇並沒有在當時造成爭議。開會的目的是獲取組織領導者的認同並了解他的世界觀，他用親切的態度提供解答給雙方。然而，這種方向的差別待遇言論在後來的研究中變成適切的，可作為了解他機構的組織原理。我悄悄的蒐集資料，因為我被暗示要建立起一個無偏見的信任，我從未將他的名字和感情上做連接，因為他在完成信任的狀態下發表說明的。

　　當我在一間老年人日間看護中心當董事助理和民族誌研究者時，個人耐力和信任的需要又扮演起重要的角色。當我遇見Betsy時，我正以蒐集最初的面試資料數據作為獲得參與者信任的一種方法。Betsy是個九十歲的老婦人，也是這個看護中心最親切、最友善的人。當我和她進行第一次漫長的談話時，她用一半德語一半英語和我漫談下去。我用德語試著提一些易受驚的問題，她開始談論。在這次談話中我聽到她一次又一次的重複說著「工作使你自由」（Arbeit macht frei）。立刻地，我明白了她所指的是關於集中營的傳說。我的第一個印象是她是個倖存者，很像我在以色列曾共事過的倖存者一般。然而我馬上又意識到她並不是一個受難者，而是納粹運動的

支持者。當我問到猶太人和波蘭人時，她向我解釋「那是他們應得的」，因為他們是造成她的國家經濟和道德崩潰的主因。她曾經為納粹組織大會團體中的一員，並回憶起了她曾擁有的一段黃金歲月，那時候希特勒還握過她的手呢！Betsy 是我在這看護中心和婦女們的媒介，每個人都喜歡她，她也和我成為好朋友。我提供了絕對的信任。身為一個民族誌學家，這種道德的平衡動作是我最大的難題之一（Fetterman, 1986e）。

人們通常給予民族誌學家信任，和他們對於牧師、猶太教師、精神科醫生、臨床精神醫生、醫生、律師的信任是一樣的。民族誌學家有保護聯絡人隱私權的義務，這種義務同時也保障了研究努力的品質。錯誤、誤解和人的關係的錯誤評斷都可能對研究成果造成破壞，任何符號或統計上的錯誤也是。

筆名

當民族誌學家在研究中獲得社會或組織接受時，這個計畫便成熟了。被接受後，藉由開發先前未知的象徵和文化知識改進了數據資料品質。當民族誌學家到達了生命週期的成人期時，洩露神聖文化知識的問題則更具爭議性了。

民族誌學家的描述通常都是詳細而且明顯的。他們在正常的互動關係下做探討，這樣的描述會陷人們於危險中。有人也許會坦白說出關於鄰居凌亂的舞會並提及要叫警察來。另外也許有人會顯露出計畫主管或是主體專制、征討的行為。有人只會簡單地表示出一些關於辦公室政策的言論。每個個體已經對這系統如何運作提供了無可估量的訊息。然而，如果研究者透露了資料的來源，在社區、學校或辦公

室所形成的精密關係可能就會被破壞。同樣的，涉及一些不合法活動
——包括在宗教儀式中玩弄有毒的響尾蛇，或是在美國東部的底特律
販賣海洛因——理所當然的關心研究者在公開他們的身分後所造成的
反響。

　　使用筆名是隱藏每個人真正身分的一種簡單的方式，並可保障他
們免於受到潛在的傷害。隱藏村莊或方案的名字可以防止好奇者突然
造訪那個社區並破壞社區人們的生活。同樣地，把它們編碼成機密的
資料可以防止落入壞人手裡。

　　在某些案例中，筆名並不是很有用。在由部落形成的村莊只有一
個酋長，學校只有一個校長，而社會只有一個領導者。然而，筆名還
是可以保護這些人免於受到研究者廣大讀者的傷害或干擾。

　　民族誌學家在每一個參與者身分被公開的例子中，都必須發揮判
斷能力。民族誌學家必須判斷的包括：資料是否足夠證明透露個人的
身分是正常的；同樣的資料是否可以用另一種方式或來源呈現；若參
與者受到傷害時，相關資料是否該丟棄等都必須被考量。此外，在很
多例子中，參與者會要求研究者使用他們的名字（Booth, 1987）。民
族誌學家在這些例子中必須發揮他們的判斷力，而不只是用溫和的干
涉主義。

互惠

　　民族誌學家占用了人們很多時間，當然他們也做一些回饋。在某
些例子裡，民族誌學家提供失聰的人們助聽器。在其他情況下，民
族誌學家則提供時間或專業當作回報——例如，教導參與者英文或數
學、擠牛奶或清雞籠，或幫助一個主要的關鍵角色裝置電腦或學習使

用軟體。民族誌學家也提供他們的研究結果當作互惠。

一些狀況下，合法的直接支付是可以被採用的，例如在僱用參與者幫忙分發問卷、僱用他們當考察的指導員，或尋求各種技術上的幫助時都可以採用。然而，

直接支付並不是互惠中最受歡迎的方式，這個方式常常加強了人為需要的模式，且加強了不正當的需求。直接支付報酬也引導了一些人在整個研究過程中的反應。在某些範疇中（當研究完成時），某種特別形式的報酬是必須的，但是那不應該變成一種強迫人的、污染的，或不合法的行為。

犯罪知識與黑手

在更深入的田野調查階段中，民族誌學家可能會遇到關於犯罪知識和黑手的問題。犯罪知識（guilty knowledge）是指關於不合法活動的相關知識，黑手（dirty hands）是指民族誌學家無法擺脫犯罪行為的無知狀況（Fetterman, 1983; Klockars, 1977, 1979; Polsky, 1998）。

在輟學生計畫的研究方案中，我和學生建立良好的信任關係，那學生帶我到賣健康食品的商店去買格蘭諾拉燕麥卷，並指示我在他們的文化中要到哪裡去追查內幕消息。我對犯罪行為有充分的知識，並且是這活動中的一個參與者——雖然我是個缺乏世故經驗且不是自願的參與者。然而，對我而言，在這案例中，把這學生或健康食品商交出是件不道德的事（Fetterman, 1983）。

在另外一個極端敏感的例子中，我認為需要保留隱藏那潛在的驚人訊息。在實驗案例中和其中一個學生面談時，我聽到尖叫聲，我把

學生留在原處，朝尖叫聲的來源跑去。當事人在我面前二十呎的地方，正用力的敲門想要把門打開，聲音從房間內傳出，而且那聲音是明顯充滿肉慾的。當校長用力把門打開，我們發現活動指導員正在和一個學生發生性行為。他們原本是把門擋住，現在則是半直立半躺在地上。這個指導員私底下被解僱了，而這學生則暫時輟學並送到看護所。

我和校長花了一個晚上的時間討論這件事和我們的道德責任。我深信這個案例是很不尋常、很特殊的，且校長已經用很適當的方法解決了這件事。我們知道，如果把這件事呈報給學校的贊助者可能會使學校倒閉（可能連同所有研究輟學的其他學校）。然而身為一個民族誌學家（和評估者），我對無數的個體有道德上的義務——包含了納稅人到從這方案中獲利的學生以及光明正大的所有工作參與者。基於傳統的風險或利益分析（Reynolds, 1979），我最後決定不揭露這個案例，且承認報導這個案例的確是一種方法上的自殺（Fetterman, 1986e）。

嚴謹的工作

在民族誌研究的工作中，道德和品質也都是內在的因素。民族誌學家像大多數的科學家一樣，致力於產生有品質的效果和成果，放棄責任則降低了研究的成效和它的可信度和影響。

要讓參與者、策劃人、機構贊助者和納稅者都有合適的科學和道德的義務需要嚴密的努力。參與者的研究努力占有頗為重要的地位：他們所提供的意見可能支持這研究或推翻這研究。民族誌學家採取了許多預防措施來保護參與者，唯一最重要的方式就是把工作做好。一

種正當的方法是指整個工作以一種清楚強制的方法並可以保障參與者的福利，而一個不精確的努力方式是會導致誤會和不準確，導致推翻我所要幫助的團體。民族誌學家必須保證維持他們在研究過程中的品質和努力後的成果，只有對文化或一個族群做完整的描述是不夠的。研究者必須勤勉的從事每個觀察和分析工作，在任何階段缺乏精確和努力都會降低品質及最後結果的準確性。同樣地，在問卷調查工作中，任何人際關係的衰退都會對民族誌研究工作或報告造成不良影響，這些弱點都會使這些研究遭受誤傳和誤會的風險。

　　一個嚴謹的努力來自知識的基礎，一個不良的設計和實行方法，只會對整個系統造成不良影響或浪費時間、浪費資源，也會浪費那些企圖想在這不穩定的基礎上建立些什麼的人的時間。此外，試圖透過一些會降低科學工作可信度的詭計的任何活動都會造成漣漪效應；它會破壞了整個科學領域的聲望。沒有可信度的科學是無法有效工作，而製造假數據，或在領域裡不專業的行為及剽竊都會破壞學術界的健全〔關於剽竊在此領域引起爭論的案例，見Fetterman（1981a, 1981c）；Rist（1981）〕。

退休和最後的儀式

　　當計畫完成時，也就是研究者已對主辦機構完成任務，或完成對某一文化研究的時刻，此時退休的問題就來臨了。研究者對主辦機構的倫理責任是按承諾完成工作，或至少告知主辦者可以繞道而行，或可以修改的方法或方向。當研究者已因壓力而筋疲力盡或不再有高品質的工作效率時，這計畫就面臨了最後的儀式了。不良或不道德的工

作也會因此造成資金的撤回，或改變參與者（和研究者）的地位而導致計畫的結束——尤其在這研究需要源源不斷的資金時，更易造成這樣的狀況。這樣的方式也剝奪了以更有效率及更專業的方式來運用資金的機會。

缺乏嚴謹也會造成主辦者的為難。主辦者對很多人都是負有責任的——就像美國聯邦政府對國會有回應的義務。在選擇研究者或提出研究資料上有不良紀錄的主辦者，以後就可能沒有機會再做同樣的工作。他們的工作，以及那些可能已經協助執行的研究工作，風險是很高的。政府主辦者對納稅人有最終的義務要解決基本的社會問題，在任何地方廢止活動，提醒了民族誌學家去思考要從研究中退休。

道德指引了民族誌研究工作的最初和最後的步驟，民族誌學家在解決倫理爭議時會受到倫理實踐法規及互相矛盾實例的牽引。然而因為問題非常複雜，所以多數同意必須適當的處理倫理決議（British Sociological Association, 2001; Christians, 2005; Lee-Treweek, 2000; Punch, 1994; Riddell, 1989）。民族誌學家在整個研究過程中都站在道德的十字路口，這樣的事實提振了道德感並加強努力的品質。

結論

民族誌學家必須要在各種文化的荒漠中漫遊，試著學習從各式各樣的人們眼中去看這個世界。民族誌學的漫遊帶領著研究者朝未知的方向前進，穿過可怕的危險和空曠的溼地。若沒有充分的準備，這樣一趟旅程將會變成一個惡夢。

在開始要穿越他們不熟悉的文化旅程之前，民族誌學家必須盡可能辨識並找出合適的問題，必須學會在這領域中使用理論、概念、方法、技術和合宜的設備。民族誌學家也必須盡可能分析他們的數據，寫出他們發現的東西，並以清晰且可讓人信服的方式來記載。此外，他們必須學會在每次使他們面臨關於道德的進退兩難狀況時如何處理問題。

這本書針對指導新進的民族誌學家在這個文化領域中如何交涉。每個章節都循這個方向提供了一個里程碑。諷刺的是，好的民族誌學家必須繞道而行，並在文化中迷失，藉此以摸清它的狀況。我希望這本書對於新進民族誌學家是有用的指導範本，對老師而言是良好的工具書，對有經驗的民族誌學家而言是個複習課程。那些發現自己才剛開始旅行並被他們尚未經歷的旅程所驚嚇時，也許可以在老子這位哲人所說的話中得到一些安慰：「千里之行，始於足下。」

注釋

[1] 行動民族誌學影響了彰權益能評鑑（empowerment evaluation）的發展，我在許多國際事務上運用彰權益能評鑑來做有效評估。包括澳洲、巴西、加拿大、衣索匹亞、芬蘭、以色列、日本、墨西哥、尼泊爾、紐西蘭、南非、西班牙、英國以及美國等。這是設計來讓人們幫助自己，並教導社區成員如何評估且自我向上提升的計畫〔見Fetterman（2001）；Fetterman、Kaftarian和Wandersman（1996）；Fetterman和Wandersman（2005）；亦可見http://www.davidfetterman.com/）〕

參考書目

Abramovitch, I., & Galvin, S. (2002). *Jews of Brooklyn.* Waltham, MA: Brandeis University Press.

Agar, M. (1980). *The professional stranger.* New York: Academic Press.

Agar, M. (1992). *Speaking of ethnography.* Newbury Park, CA: Sage.

Aldridge, M. (1995). Scholarly practice: Ethnographic film and anthropology. *Visual Anthropology, 7*(3), 233–235.

American Anthropological Association. (1990). *Principles of professional responsibility.* Arlington, VA: Author.

American Anthropological Association. (1998). *Code of ethics of the American Anthropological Association.* Retrieved October 15, 2004, from www.aaanet.org/committees/ethics/ethcode.htm

Anderson, J. (1996). *Communication theory: Epistemological foundations.* New York: Guilford Press.

Atkinson, P. (2002). *Handbook of ethnography.* Thousand Oaks, CA: Sage.

Atkinson, P., & Hammersley, M. (2007). *Ethnography: Principles in practice.* New York: Routledge.

Bank, A. (1986). [Review of the book *Ethnography in educational evaluation*]. *Evaluation and Program Planning, 9,* 180–183.

Barfield, T. (1997). *The dictionary of anthropology.* Oxford, UK: Blackwell.

Barnett, H. G. (1953). *Innovation: The basis of culture change.* New York: McGraw-Hill.

Barzun, J. (2001). *Simple and direct: A rhetoric for writers* (Rev. ed.). New York: HarperCollins.

Basham, R., & DeGroot, D. (1977). Current approaches to the anthropology of urban and complex societies. *American Anthropologist, 79,* 414–440.

Becker, H. S. (1979). Do photographs tell the truth? In T. D. Cook & C. S. Reichardt (Eds.), *Qualitative and quantitative methods in evaluation research.* Beverly Hills, CA: Sage.

Bee, R. L. (1974). *Patterns and processes: An introduction to anthropological strategies for the study of sociocultural change.* New York: Free Press.

Bellman, B. L., & Jules-Rosette, B. (1977). *A paradigm for looking: Cross-cultural research with visual media.* Norwood, NJ: Ablex.

Bernstein, T. M. (1982). *Dos, don'ts, and maybes of English usage.* New York: HarperCollins.

Bernstein, T. M. (1993). *The careful writer: A modern guide to English usage.* New York: Free Press.

Best, S. J., & Harrison, C. H. (2009). Internet survey methods. In L. Bickman & D. J. Rog (Eds.), *The Sage handbook of applied social research methods* (pp. 413–434). Thousand Oaks, CA: Sage.

Best, S. J., & Krueger, B. S. (2004). *Internet data collection.* Thousand Oaks, CA: Sage.

Birdwhistell, R. L. (1970). *Kinesics and context: Essays on body motion communication*. Philadelphia: University of Pennsylvania Press.

Blalock, H. M. (1979). *Social statistics*. New York: McGraw-Hill.

Blumer, H. (1969). *Symbolic interactionism: Perspective and method*. Englewood Cliffs, NJ: Prentice Hall.

Bogdan, R. C., & Biklen, S. K. (1982). *Qualitative research for education: An introduction to theory and methods*. Boston: Allyn & Bacon.

Bogdan, R. C., & Taylor, S. J. (1998). *Introduction to qualitative research methods: A phenomenological approach to the social sciences*. New York: John Wiley & Sons.

Bohannan, P., & Middleton, J. (1968). *Kinship and social organization*. New York: Natural History Press.

Bonk, C. J., Appleman, R., & Hay, K. E. (1996, Sept./Oct.). Electronic conferencing tools for student apprenticeship and perspective taking. *Educational Technology, 8–18*.

Booth, E. O. (1987). Researcher as participant: Collaborative evaluation in a primary school. In D. M. Fetterman (Ed.), Perennial issues in qualitative research [Special issue]. *Education and Urban Society, 20*(1), 55–85.

Boruch, R. F., Weisburd, D., Turner, H. M., Karpyn, A., & Littell, J. (2009). Randomized controlled trials for evaluation and planning. In L. Bickman & D. J. Rog (Eds.), *The Sage handbook of applied social research methods* (pp. 147–181). Thousand Oaks, CA.

Brent, E. (1984). Qualitative computing approaches and issues. *Qualitative Sociology, 7,* 61–74.

Brim, J. A., & Spain, D. H. (1974). *Research design in anthropology: Paradigms and pragmatics in the testing of hypotheses*. New York: Holt, Rinehart & Winston.

Britan, G. M. (1978). Experimental and contextual models of program evaluation. *Evaluation and Program Planning, 1,* 229–234.

British Sociological Association. (2001). *Statement of ethical practice*. Retrieved May 23, 2001, from www.britsoc.co.uk/user_doc/Statement%20of%Ethical%20Practice.pdf

Burbules, N. C., & Bruce, B. C. (1995). This is not a paper. *Educational Researcher, 24*(8), 12–18.

Burnett, J. H. (1976). Ceremony, rites, and economy in the student system of an American high school. In J. I. Roberts & S. K. Akinsanya (Eds.), *Educational patterns and cultural configurations* (pp. 313–323). New York: David McKay.

Carspecken, P. (1996). *Critical ethnography in educational research: A theoretical and practical guide*. New York: Routledge.

Cazden, C. B. (1979). *Peekaboo as an instructional strategy: Discourse development at home and at school* (Papers and Reports on Child Language Development, No. 17). Stanford, CA: Stanford University, Department of Linguistics.

Chagnon, N. A. (1997). *Yanomamo: The fierce people*. New York: Holt, Rinehart & Winston.

Chang, H. (2008). *Autoethnography as method*. Walnut Creek, CA: Left Coast Press.

Christians, C. (2005). Ethics and politics in qualitative research. In N. Denzin & Y. Lincoln (Eds.), *The Sage handbook of qualitative research*. Thousand Oaks, CA: Sage.

Chubin, D. E., & Hackett, E. J. (1990). *Peerless science: Peer review and U.S. science policy.* New York: State University of New York Press.

Clair, R. P. (2003). *Expressions of ethnography: Novel approaches to qualitative methods* (p. 98). New York: State University of New York Press.

Claremont, L. de. (1938). *Legends of incense, herb and oil magic.* Dallas, TX: Dorene.

Clifford, J., & Marcus, G. E. (1986). *Writing culture: The poetics and politics of ethnography.* Berkeley: University of California Press.

Collier, J., & Collier, M. (1986). *Visual anthropology: Photography as a research method.* Albuquerque, NM: University of New Mexico Press.

Computer-assisted anthropology [Special section]. (1984). *Practicing Anthropology, 6*(2), 1–17.

Conrad, P., & Reinharz, S. (1984). Computers and qualitative data. *Qualitative Sociology, 7,* 1–2.

Cook, T. D., & Campbell, D. T. (1979). *Quasi-experimentation: Design and analysis issues for field settings.* Chicago: Rand McNally.

Daner, F. J. (1976). *The American children of Krisna: A study of the Hare Krisna movement.* New York: Holt, Rinehart & Winston.

Davies, C. (2007). *Reflexive ethnography: A guide to researching selves and others.* London: Routledge.

Deng, F. M. (1972). *The Dinka of the Sudan.* New York: Holt, Rinehart & Winston. (Reissued by Waveland Press)

Denzin, N. K. (1978). *The research act: A theoretical introduction to sociological methods.* New York: McGraw-Hill.

Denzin, N. K. (2001). *Interpretive interactionism.* Thousand Oaks, CA: Sage.

Denzin, N. K. (2003). *Performance ethnography: Critical pedagogy and the politics of culture.* Thousand Oaks, CA: Sage.

DeWalt, K. M., & DeWalt, B. R. (2002). *Participant observation: A guide for fieldworkers.* New York: AltaMira Press.

Dobbert, M. L. (1982). *Ethnographic research: Theory and application for modern schools and societies.* New York: Praeger.

Dolgin, J. L., Kemnitzer, D. S., & Schneider, D. M. (1977). *Symbolic anthropology: A reader in the study of symbols and meanings.* New York: Columbia University Press.

Dorr-Bremme, D. W. (1985). Ethnographic evaluation: A theory and method. *Educational Evaluation and Policy Analysis, 7*(1), 65–83.

Downs, J. F. (1972). *The Navajo.* New York: Holt, Rinehart & Winston. (Reissued by Waveland Press)

Ellen, R. F. (1984). *Ethnographic research: A guide to general conduct.* New York: Academic Press.

Ellis, C., & Bochner, A. P. (2000). Autoethnography, personal narrative, reflexivity: Researcher as subject. In N. Denzin & Y. Lincoln (Eds.), *The Sage handbook of qualitative research* (2nd ed., pp. 733–768). Thousand Oaks, CA: Sage.

Emerson, R. M., Fretz, R. I., & Shaw, L. L. (1995). *Writing ethnographic fieldnotes.* Chicago: University of Chicago Press.

Erickson, F. (1976). Gatekeeping encounters: A social selection process. In P. R. Sanday (Ed.), *Anthropology and the public interest: Fieldwork and theory*. New York: Academic Press.

Erickson, F., & Wilson, J. (1982). *Sights and sounds of life in schools: A resource guide to film and videotape for research and education*. East Lansing: Michigan State University, Institute for Research on Teaching of the College of Education.

Evans-Pritchard, E. E. (1940). *The Nuer: A description of the modes of livelihood and political institutions of a nilotic people*. New York: Oxford University Press.

Evans-Pritchard, E. E. (1951). *Social anthropology*. London: Cohen & West.

Fetterman, D. M. (1980). Ethnographic techniques in educational evaluation: An illustration. In A. Van Fleet (Ed.), Anthropology of education: Methods and applications [Special issue]. *Journal of Thought, 15*(3), 31–48.

Fetterman, D. M. (1981a). A new peril for the contract ethnographer. *Anthropology and Education Quarterly, 12*(1), 71–80.

Fetterman, D. M. (1981b). Blaming the victim: The problem of evaluation design and federal involvement, and reinforcing world views in education. *Human Organization, 40*(1), 67–77.

Fetterman, D. M. (1981c). Protocol and publication: Ethical obligations. *Anthropology and Education Quarterly, 12*(1), 82–83.

Fetterman, D. M. (1982a). Ethnography in educational research: The dynamics of diffusion. *Educational Researcher, 11*(3), 17–29.

Fetterman, D. M. (1982b). Ibsen's baths: Reactivity and insensitivity. A misapplication of the treatment-control design in a national evaluation. *Educational Evaluation and Policy Analysis, 4*(3), 261–279.

Fetterman, D. M. (1983). Guilty knowledge, dirty hands, and other ethical dilemmas: The hazards of contract research. *Human Organization, 42*(3), 214–224.

Fetterman, D. M. (1984). *Ethnography in educational evaluation*. Beverly Hills, CA: Sage.

Fetterman, D. M. (1986a). A response to Adrianne Bank: The role of informed criticism in scholarly review. *Evaluation and Program Planning, 9*, 183–184.

Fetterman, D. M. (1986b). Beyond the status quo in ethnographic educational evaluation. In D. M. Fetterman & M. A. Pitman (Eds.), *Educational evaluation: Ethnography in theory, practice, and politics*. Beverly Hills, CA: Sage.

Fetterman, D. M. (1986c). [Review of the book *Ethnography and qualitative design in educational research*]. *American Anthropologist, 88*(3), 764–765.

Fetterman, D. M. (1986d). [Review of the book *The politics of education: Culture, power, and liberation*]. *American Anthropologist, 88*(1), 253–254.

Fetterman, D. M. (1986e). Conceptual crossroads: Methods and ethics in ethnographic evaluation. In D. D. Williams (Ed.), *Naturalistic evaluation* (New Directions for Program Evaluation 30). San Francisco: Jossey-Bass.

Fetterman, D. M. (1986f). Gifted and talented education: A national test case in Peoria. *Educational Evaluation and Policy Analysis, 8*(2), 155–166.

Fetterman, D. M. (1986g). Operational auditing: A cultural approach. *Internal Auditor, 43*(2), 48–54.

Fetterman, D. M. (1987a). Ethnographic educational evaluation. In G. D. Spindler (Ed.), *Interpretive ethnography of education: At home and abroad.* Hillsdale, NJ: Lawrence Erlbaum.

Fetterman, D. M. (1987b, November 18–22). *Multiple audiences reflect multiple realities.* Invited presentation at the 86th Annual Meeting of the American Anthropological Association, Chicago.

Fetterman, D. M. (1988a). *Excellence and equality: A qualitatively different perspective on gifted and talented education.* Albany: State University of New York Press.

Fetterman, D. M. (1988b). *Qualitative approaches to evaluation in education: The silent scientific revolution.* New York: Praeger.

Fetterman, D. M. (1995, June). In response to Dr. Daniel Stufflebeam's: "Empowerment Evaluation, Objectivist Evaluation, and Evaluation Standards: Where the Future of Evaluation Should Not Go and Where It Needs to Go." *Evaluation Practice, 16*(2), 179–199.

Fetterman, D. M. (1996a). Ethnography in the virtual classroom. *Practicing Anthropology, 18*(3), 2, 36–39.

Fetterman, D. M. (1996b). Videoconferencing on-line: Enhancing communication over the Internet. *Educational Researcher, 25*(4), 23–27.

Fetterman, D. M. (1996c, June). [Book review]. *American Anthropologist, 98*(2), 16–17.

Fetterman, D. M. (1997). Empowerment evaluation: A response to Patton and Scriven. *Evaluation Practice, 18*(3), 253–266.

Fetterman, D. M. (2001). *Foundations of empowerment evaluation.* Thousand Oaks, CA: Sage.

Fetterman, D. M. (2002). Review of qualitative research: A personal skills approach by Gary D. Shank. *Education Review.* Retrieved August 30, 2003, from http://coe.asu.edu/edrev/reviews/rev184.htm

Fetterman, D. M. (2004a). $15 million Hewlett-Packard digital village empowerment and ethnographic evaluation. *Anthropology Newsletter, 45*(1), 71–78.

Fetterman, D. M. (2004b). Branching out or standing on a limb: Looking to our roots for insight. In M. Alkin (Ed.), *Evaluation roots: Tracing theorists' views and influences* (pp. 304–318). Thousand Oaks, CA: Sage.

Fetterman, D. M. (2005, September). In response to Drs. Patton and Scriven. *American Journal of Evaluation 26*(3), 418–420.

Fetterman, D. M. (2008). [Review of book *Evaluation practice: How to do good evaluation research in work settings*]. *American Journal of Evaluation, 29*(4), 583–584.

Fetterman, D. M., Kaftarian, S. J., & Wandersman, A. (1996). *Empowerment evaluation: Knowledge and tools for self-assessment and accountability.* Thousand Oaks, CA: Sage.

Fetterman, D. M., & Pitman, M. A. (Eds.). (1986). *Educational evaluation: Ethnograhy in theory, practice, and politics.* Beverly Hills, CA: Sage.

Fetterman, D. M., & Wandersman, A. (2005). *Empowerment evaluation principles in practice.* New York: Guilford.

Fetterman, D. M., & Wandersman, A. (2007). Empowerment evaluation: Yesterday, today, and tomorrow. *American Journal of Evaluation, 28*(2), 179–198.

Fink, A. (2008). *How to conduct surveys: A step by step guide*. Thousand Oaks, CA: Sage.

Fischer, M. D. (1994). *Applications in computing for social anthropologists*. London: Routledge.

Fletcher, C., & Rawlins, C. (2002). *The complete walker IV: The joys and techniques of hiking and back-packing*. New York: Knopf.

Flick, U. (2009). *An introduction to qualitative research*. Thousand Oaks, CA: Sage.

Flick, U., Kardorff, E., & Steinke, I. (2004). *A companion to qualitative research*. Thousand Oaks, CA: Sage.

Fowler, F. J. (2008). *Survey research methods* (4th ed.). Thousand Oaks, CA: Sage.

Fowler, F. J., & Cosenza, C. (2009). Design and evaluation of survey questions. In L. Bickman & D. J. Rog (Eds.), *The Sage handbook of applied social research methods* (pp. 375–412). Thousand Oaks, CA: Sage.

Freilick, M. (Ed.). (1970). *Marginal natives: Anthropologists at work*. New York: Harper & Row.

Friese, S. (2006). Software and fieldwork. In D. Hobbs & R. Wright (Eds.), *The Sage handbook of fieldwork* (pp. 309–332). Thousand Oaks, CA: Sage.

Gamache, H. (1942). *The master book of candle burning or how to burn candles for every purpose*. Highland Falls, NY: Sheldon.

Garfinkel, H. (1967). *Studies in ethnomethodology*. Englewood Cliffs, NJ: Prentice Hall.

Geertz, C. (1957). Ritual and social change: A Javanese example. *American Anthropologist, 59*, 32–54.

Geertz, C. (1963). *Agricultural involution*. Berkeley: University of California Press.

Geertz, C. (1973). *The interpretation of cultures*. New York: Basic Books.

Glaser, B. (1992). *Basics of grounded theory analysis: Emergence vs. forcing*. Mill Valley, CA: Sociology Press.

Glaser, B., & Strauss, A. L. (1967). *The discovery of grounded theory: Strategies for qualitative research*. Chicago: Aldine.

Glass, S. (1997, January 6). Markets and myths: Autonomy in public and private schools. *Education Policy Analysis Archives, 5*(1). Retrieved May 15, 2009 from http://olam.ed.asu.edu/epaa/v5n1.html

Gluckman, M. (1968). The utility of the equilibrium model in the study of social change. *American Anthropologist, 70*(2), 219–237.

Goetz, J. P., & LeCompte, M. D. (1984). *Ethnography and qualitative design in educational research*. New York: Academic Press.

Graneheim, U. H., & Lundman, B. (2004). Qualitative content analysis in nursing research. Nursing Education Today, 24, 105, 112.

Groves, R. M., Biemer, P., Lyberg, L., Massey, J., Nicolls, W., II, & Waksberg, J. (1988). *Telephone survey methodologies*. New York: John Wiley & Sons.

Gumperz, J. (1972). The speech community. In P. P. Giglioli (Ed.), *Language and social context*. Harmondsworth, UK: Penguin.

Guttman, L. (1944). A basis for scaling qualitative data. *American Sociological Review, 9*, 139–150.

Habermas, J. (1968). *Knowledge and human interests.* Boston: Beacon.

Hagburg, E. (1970). Validity of questionnaire data: Reported and observed attendance in an adult education program. In D. P. Forcese & S. Richer (Eds.), *Stages of social research: Contemporary perspectives.* Englewood Cliffs, NJ: Prentice Hall.

Hall, E. T. (1974). *Handbook for proxemic research.* Washington, DC: Society for the Anthropology of Visual Communication.

Hammersley, M., & Atkinson, P. (2007). *Ethnography: Principles in practice.* New York: Taylor & Francis e-Library.

Handwerker, W. P. (2001). *Quick ethnography.* New York: AltaMira Press.

Hardy, M. (2009). *Handbook of data analysis.* Thousand Oaks, CA: Sage.

Harris, M. (1968). *The rise of anthropological theory.* New York: Thomas Y. Crowell.

Harris, M. (1971). *Culture, man, and nature.* New York: Thomas Y. Crowell.

Hart, C. W. M., & Pilling, A. R. (1979). *The Tiwi of North Australia* [Fieldwork edition]. New York: Holt, Rinehart & Winston.

Heath, S. B. (1982). Questions at home and school. In G. Spindler (Ed.), *Doing the ethnography of schooling: Educational anthropology in action.* New York: Holt, Rinehart & Winston.

Heider, K. G. (2006). *Ethnographic film.* Austin: University of Texas Press.

Heller, J. (1972, July 26). Syphilis victims in U.S. study went untreated for 40 years: Syphilis victims got no therapy. *New York Times, Associated Press.* Retrieved December 4, 2008, from http://select.nytimes.com/gst/abstract.html?res=F40616 F6345A137B93C4AB178CD85F468785F9

Henry, G. (2009). Practical sampling. In L. Bickman & D. J. Rog (Eds.), *The Sage handbook of applied social research methods* (pp. 77–105). Thousand Oaks, CA: Sage.

Hinkel, E. (2005). *Handbook of research in second language teaching and learning.* London: Routledge (Taylor & Francis).

Hockings, P. (Ed.). (2003). *Principles of visual anthropology.* The Hague: Mouton de Gruyter.

Hopkins, K. D., & Glass, G. V. (1987). *Basic statistics for the behavioral sciences.* Englewood Cliffs, NJ: Prentice Hall.

Hopkins, K. D., Hopkins, B. R., & Glass, G. V. (1995). *Basic statistics for the behavioral sciences* (3rd ed.). Boston: Allyn & Bacon.

Horrobin, D. (2001, Feb.). Something rotten at the core of science? *Trends in Pharmacological Sciences, 22*(2).

Hostetler, J. A., & Huntington, G. E. (1971). *Children in Amish society: Socializing and community education.* New York: Holt, Rinehart & Winston.

Hostetler, J. A., & Huntington, G. E. (2002). *The Hutterites in North America.* Lafayette, LA: Cengage Learning.

Jacobs, J. (1974). *Fun city: An ethnographic study of a retirement community.* New York: Holt, Rinehart & Winston. (Reissued by Waveland Press)

Jacoby, R. (2000). *The last intellectuals: American culture in the age of academe.* New York: Basic Books.

Janesick, V. J. (1986). [Review of the book *Ethnography in educational evaluation*]. *American Journal of Education,* 555–558.

Jones, S. H. (2005). Autoethnography: Making the personal political. In N. Denzin & Y. Lincoln (Eds.), *The SAGE handbook of qualitative research* (3rd ed., pp. 763–792). Thousand Oaks, CA: Sage.

Kaplan, D., & Manners, R. A. (1972). *Culture theory.* Englewood Cliffs, NJ: Prentice Hall. (Reissued by Waveland Press)

Keiser, R. L. (1969). *The vice lords: Warriors of the street.* New York: Holt, Rinehart & Winston.

King, A. R. (1983). *The school at Mopass: A problem of identity.* New York: Irvington.

Klockars, C. B. (1977). Field ethics for the life history. In R. S. Weppner (Ed.), *Street ethnography: Selected studies of crime and drug use in natural settings.* Beverly Hills, CA: Sage.

Klockars, C. B. (1979). Dirty hands and deviant subjects. In C. B. Klockars & F. W. O'Connor (Eds.), *Deviance and decency: The ethics of research with human subjects.* Beverly Hills, CA: Sage.

Krippendorff, K. (2004). *Content analysis: An introduction to its methodology* (2nd ed.). Thousand Oaks, CA: Sage.

Lareau, A. (1987). Teaching qualitative methods: The role of classroom activities. In D. M. Fetterman (Ed.), Perennial issues in qualitative research [Special issue]. *Education and Urban Society, 20*(1), 86–120.

Lavrakas, P. J. (1993). *Telephone survey methods.* Newbury Park, CA: Sage.

Lavrakas, P. J. (2009). Methods for sampling and interviewing in telephone surveys. In L. Bickman & D. J. Rog (Eds.), *The Sage handbook of applied social research methods* (pp. 509–542). Thousand Oaks, CA: Sage.

Lee-Treweek, G. (2000). The insight of emotional danger. In G. Lee-Treweek & S. Linkogle (Eds.), *Danger in the field: Risk and ethics in social research* (pp. 114–131). London: Routledge.

Levine, H. G. (1985). Principles of data storage and retrieval for use in qualitative evaluations. *Educational Evaluation and Policy Analysis, 7*(2), 169–186.

Lewins, A., & Silver, C. (2007). *Using software in qualitative research: A step by step guide.* Thousand Oaks, CA: Sage.

Lewis, E. D. (2004). *Timothy Asch and ethnographic film* (Studies in Visual Culture). London: Routledge.

Lieblich, A., Tuval-Mashiach, R., & Zilber, T. (1998). *Narrative research: Reading, analysis and interpretation.* Newbury Park, CA: Sage.

Madison, S. D. (2005). *Critical ethnography: Method, ethics, and performance.* Thousand Oaks, CA: Sage.

Marcus, G. (1998). *Ethnography: Through thick and thin.* Princeton, NJ: Princeton University Press.

Mark, M., & Reichardt, C. S. (2009). Quasi-experimentation. In L. Bickman & D. J. Rog (Eds.), *The Sage handbook of applied social research methods* (pp. 182–213). Thousand Oaks, CA: Sage.

Masten, D., & Plowman, T. (2003). Digital ethnography: The next wave in understanding the consumer experience. *Design Management Journal.* Retrieved April 8, 2008, from http://findarticles.com/p/articles/mi_qa4001/is_200304/ai_n9199413

Maxwell, J. A., Bashook, P. G., & Sandlow, L. J. (1986). Combining ethnographic and experimental methods in educational evaluation: A case study. In D. M. Fetterman & M. A. Pitman (Eds.), *Educational evaluation: Ethnography in theory, practice, and politics*. Beverly Hills, CA: Sage.

McCall, G. J. (2006). The fieldwork tradition. In D. Hobbs & R. Wright (Eds.), *The Sage handbook of fieldwork* (pp. 3–22). Thousand Oaks, CA: Sage.

McCurdy, D. W., Spradley, J. P., & Shandy, D. (2004). *The cultural experience: Ethnography in complex society*. New York: Waveland Press.

McDermott, R. P. (1974). Achieving school failure: An anthropological approach to illiteracy and social stratification. In G. D. Spindler (Ed.), *Education and cultural process: Toward an anthropology of education*. New York: Holt, Rinehart & Winston.

McFee, M. (1972). *Modern Blackfeet: Montanans on a reservation*. New York: Holt, Rinehart & Winston. (Reissued by Waveland Press)

Mehan, H. (1987). Language and schooling. In G. D. Spindler (Ed.), *Interpretive ethnography of education: At home and abroad*. Hillsdale, NJ: Lawrence Erlbaum.

Mehan, H., & Wood, H. (1975). *The reality of ethnomethodology*. New York: John Wiley.

Miles, M. B., & Huberman, A. M. (1994). *Qualitative data analysis: A sourcebook of new methods*. Thousand Oaks, CA: Sage.

Mills, C. (1959). *The sociological imagination*. New York: Oxford University Press.

Murphy, M. F., & Margolis, M. L. (1995). *Science, materialism and the study of culture*. Gainesville: University Press of Florida.

Neuendorf, K. A. (2002). *The content analysis guidebook*. Thousand Oaks, CA: Sage.

Ogbu, J. U. (1978). *Minority education and caste: The American system in cross-cultural perspective*. New York: Academic Press.

O'Reilly, K. (2005). *Ethnographic methods*. London: Routledge.

O'Reilly, K. (2008). *Key concepts in ethnography*. Thousand Oaks, CA: Sage.

Osgood, C. (1964). Semantic differential technique in the comparative study of cultures. In A. K. Romney & R. G. D'Andrade (Eds.), Transcultural studies in cognition [Special issue]. *American Anthropologist, 66*.

Pak-tao Ng, P. (2003). *Effective writing: A guide for social science students*. Hong Kong: The Chinese University of Hong Kong.

Patton, M. (1997). Toward distinguishing empowerment evaluation and placing it in a larger context. *American Journal of Evaluation 18*(1), 147–163.

Patton, M. (2005). Toward distinguishing empowerment evaluation and placing it in a larger context: Take two. [Review of *Empowerment Evaluation Principles in Practice*]. *American Journal of Evaluation, 26*, 408–414.

Patton, M. Q. (2001). *Qualitative research and evaluation methods*. Thousand Oaks, CA: Sage.

Pelto, P. J. (1970). *Anthropological research: The structure of inquiry*. New York: Harper & Row.

Pelto, P. J., & Pelto, G. H. (1978). *Anthropological research: The structure of inquiry* (2nd ed.). Cambridge, UK: Cambridge University Press.

Phelan, P. (1987). Compatibility of qualitative and quantitative methods: Studying child sexual abuse in America. In D. M. Fetterman (Ed.), Perennial issues in qualitative research [Special issue]. *Education and Urban Society, 20*(1), 35–41.

Pink, S. (2006). *Doing visual ethnography.* Thousand Oaks, CA: Sage.

Pi-Sunyer, O., & Salzmann, Z. (1978). *Humanity and culture: An introduction to antropology.* Boston: Houghton Mifflin.

Pitman, M. A., & Dobbert, M. L. (1986). The use of explicit anthropological theory in educational evaluation: A case study. In D. M. Fetterman & M. A. Pitman (Eds.), *Educational evaluation: Ethnography in theory, practice, and politics.* Beverly Hills, CA: Sage.

Podolefsky, A., & McCarthy, C. (1983). Topical sorting: A technique for computer assisted qualitative data analysis. *American Anthropologist, 85,* 886–890.

Polsky, N. (1998). *Hustlers, beats, and others.* New York: Lyons Press.

Powdermaker, H. (1966). *Stranger and friend: The way of an anthropologist.* New York: Norton.

Powell, W. W. (1988). *Getting into print: The decision-making process in scholarly publishing.* Chicago: University of Chicago Press.

Psathas, G. (1994). *Conversation analysis: The study of talk-in-interaction.* Thousand Oaks, CA: Sage.

Punch, M. (1994). Politics and ethics in qualitative research. In N. K. Denzin & Y. S. Lincoln (Eds.), *The Sage handbook of qualitative research* (pp. 83–97). Thousand Oaks, CA: Sage.

Radcliffe-Brown, A. R. (1952). *Structure and function in primitive society.* New York: Free Press.

Reed-Danahay, D. E. (1997). Introduction. In D. E. Reed-Danahay (Ed.), *Auto/ethnography: Rewriting the self and the social* (pp. 1–17) Oxford, UK: Berg.

Reynolds, P. D. (1979). *Ethical dilemmas and social science research.* San Francisco: Jossey-Bass.

Riddell, S. (1989). Exploiting the exploited? The ethics of feminist educational research. In R. G. Burgess (Ed.), *The ethics of educational research* (pp. 77–99). London: Falmer Press.

Rist, R. (1981). Shadow versus substance: A reply to David Fetterman. *Anthropology and Education Quarterly, 12*(1), 81–82.

Ritter, L., & Sue, V. M. (2007). Conducting the survey. *New Directions for Evaluation, 115,* 47–50.

Roberts, C., Byram, M., Barro, A., Jordan, S., & Street, B. (2001). *Language learners as ethnographers.* Clevedon, England: Multilingual Matters and Channel View.

Roberts, C. W. (Ed.). (1997). *Text analysis for the social sciences: Methods for drawing inferences from texts and transcripts.* Mahwah, NJ: Lawrence Erlbaum.

Robinson, H. (1994). *The ethnography of empowerment: The transformative power of classroom interaction.* London: Falmer Press.

Roper, J. M., & Shapira, J. (2000). *Ethnography in nursing research.* Thousand Oaks, CA: Sage.

Rosenfeld, G. (1971). *"Shut those thick lips!": A study of slum school failure.* New York: Holt, Rinehart & Winston. (Reissued by Waveland Press)

Ross, E. (Ed.). (1980). *Beyond the myths of culture: Essays in cultural materialism.* New York: Academic Press.

Rouch, J., & Feld, S. (2003). *Cine ethnography:* Minneapolis: University of Minnesota Press.

Rynkiewich, M. A., & Spradley, J. P. (1976). *Ethics and anthropology: Dilemmas in fieldwork.* New York: John Wiley.

Schensul, J., LeCompte, S., & Schensul, S. (1999). *Essential ethnographic methods: Observations, interviews, and questions.* New York: AltaMira Press.

Schwandt, T. A., & Halpern, E. S. (1988). *Linking auditing and meta-evaluation.* Newbury Park, CA: Sage.

Schwimmer, B. (1996). Review and evaluation of anthropology on the Internet. *Current Anthropology, 37*(3), 561.

Scriven, M. (1997). Empowerment evaluation examined. *Evaluation Practice, 18*(2), 165–175.

Scriven, M. (2005). Review of empowerment evaluation principles in practice. *American Journal of Evaluation, 26,* 415–417.

Shavelson, R. J. (1996). *Statistical reasoning for the behavioral sciences* (3rd ed.). Boston: Allyn & Bacon.

Shultz, J., & Florio, S. (1979). Stop and freeze: The negotiation of social and physical space in a kindergarten/first grade classroom. *Anthropology and Education Quarterly, 10,* 166–181.

Sieber, J. E. (2009). Planning ethically responsible research. In L. Bickman & D. J. Rog (Eds.), *The Sage handbook of applied social research methods* (pp. 106–146). Thousand Oaks, CA: Sage.

Simon, E. L. (1986). Theory in educational evaluation: Or, what's wrong with generic brand anthropology. In D. M. Fetterman & M. A. Pitman (Eds.), *Educational evaluation: Ethnography in theory, practice, and politics.* Beverly Hills, CA: Sage.

Spindler, G. (1955). *Sociocultural and psychological processes in Menomini acculturation* (Publications in Culture and Society, No. 5). Berkeley: University of California Press.

Spindler, G., & Goldschmidt, W. R. (1952). Experimental design in the study of culture change. *Southwestern Journal of Anthropology, 8,* 68–83.

Spindler, G. D. (1983). *Being an anthropologist: Fieldwork in eleven cultures.* New York: Irving.

Spindler, G. D., & Spindler, L. (1958). Male and female adaptations in culture change. *American Anthropologist, 60,* 217–233.

Spindler, L. (1962). Menomini women and culture change. *American Anthropological Association Memoir, 91.*

Spradley, J. P. (1970). *You owe yourself a drunk: An ethnography of urban nomads.* Boston: Little, Brown.

Spradley, J. P. (1979). *The ethnographic interview.* New York: Holt, Rinehart & Winston.

Spradley, J. P. (1980). *Participant observation.* New York: Holt, Rinehart & Winston.

Spradley, J. P., & McCurdy, D. W. (1989). *Anthropology: The cultural perspective.* New York: Waveland Press.

Sproull, L. S., & Sproull, R. F. (1982). Managing and analyzing behavior records: Explorations in nonnumeric data analysis. *Human Organization, 41,* 283–290.

Stemler, S. (2001). An overview of content analysis. *Practical Assessment, Research & Evaluation, 7*(17). Retrieved May 27, 2009, from http://PAREonline.net/getvn .asp?v=7&n=17

Steward, J. H. (1973). *Theory of culture change: The methodology of multilinear evolution.* Chicago: University of Illinois Press.

Strauss, C., & Quinn, N. (Eds.). (1997). *A cognitive theory of cultural meaning.* Cambridge: Cambridge University Press.

Strunk, W., & White, E. B. (2000). *The elements of style.* New York: Allyn & Bacon.

Studstill, J. D. (1986). Attribution in Zairian secondary schools: Ethnographic evaluation and sociocultural systems. In D. M. Fetterman & M. A. Pitman (Eds.), *Educational evaluation: Ethnography in theory, practice, and politics.* Beverly Hills, CA: Sage.

Stufflebeam, D. (1995, June) Empowerment evaluation, objectivist evaluation, and evaluation standards: Where the future of evaluation should not go and where it needs to go. *Evaluation Practice, 16*(2), 179–199.

Swatos, W. (Ed.). (1998). *Encyclopedia of religion and society* (p. 505). Lanham, MD: AltaMira Press.

Taylor, S. J., & Bogdan, R. (1988). *Introduction to qualitative research methods: The search for meanings.* New York: John Wiley & Sons.

Tax, S. (1958). The Fox project. *Human Organization, 17,* 17–19.

Titscher, S. (2000). *Methods of text and discourse analysis.* Thousand Oaks, CA: Sage.

Tonkinson, R. (1974). *The Jigalong Mob: Aboriginal victors of the desert crusade.* Menlo Park, CA: Cummings.

Trochim, W. (2006a). *Guttman scale. Research methods knowledge base.* Retrieved April 8, 2008, from www.socialresearchmethods.net/kb/scalgutt.htm

Trochim, W. (2006b). *T-test: Research methods knowledge base.* Retrieved April 8, 2008, from www.socialresearchmethods.net/kb/stat_t.htm

Van Maanen, J. (1988). *Tales of the field: On writing ethnography.* Chicago: University of Chicago Press.

Van Til, W. (1985). *Writing for professional publication.* Newton, MA: Allyn & Bacon.

Vogt, E. (1960). On the concepts of structure and process in cultural anthropology. *American Anthropologist, 62*(1), 18–33.

Weaver, T. (1973). *To see ourselves: Anthropology and modern social issues.* Glenview, IL: Scott, Foresman.

Webb, E. J., Campbell, D. T., Schwartz, R. D., & Sechrest, L. (2000). *Unobtrusive measures* (2nd ed.). Chicago: Rand McNally.

Weindling, P. J. (2005). *Nazi medicine and the Nuremberg trials: From medical war crimes to informed consent.* New York: Palgrave Macmillan.

Weisner, T., Ryan, G., Reese, L., Kroesen, K., Bernheimer, L., & Gallimore, R. (2001). Behavior sampling and ethnography: Complementary methods for understanding home-school connections among Latino immigrant families. *Field Methods, 13*(2), 20–46. Retrieved April 8, 2008, from http://fmx.sagepub.com/cgi/content/abstract/ 13/1/20

Weitzman, E. A., & Miles, M. B. (1995). *A software sourcebook: Computer programs for qualitative data analysis.* Thousand Oaks, CA: Sage.

Werner, O., & Schoepfle, G. M. (1987a). *Systematic fieldwork* (Vol. 1). Newbury Park, CA: Sage.

Werner, O., & Schoepfle, G. M. (1987b). *Systematic fieldwork* (Vol. 2). Newbury Park, CA: Sage.

Whyte, W. F. (1993). *Street corner society: The social structure of an Italian slum.* Chicago: University of Chicago Press. (Work originally published 1955)

Wolcott, H. F. (1975). Criteria for an ethnographic approach to research in schools. *Human Organization, 34,* 111–127.

Wolcott, H. F. (1980). How to look like an anthropologist without really being one. *Practicing Anthropology, 3*(2), 39.

Wolcott, H. F. (1982). Mirrors, models, and monitors: Educator adaptations of the ethnographic innovation. In G. D. Spindler (Ed.), *Doing the ethnography of schooling: Educational anthropology in action.* New York: Holt, Rinehart & Winston.

Wolcott, H. F. (2003). *The man in the principal's office: An ethnography.* Lanham, MD: Rowman Altamira.

Wolcott, H. F. (2008a). *Ethnography: A way of seeing.* New York: Rowman & Littlefield.

Wolcott, H. F. (2008b). *Writing up qualitative research.* Thousand Oaks, CA: Sage.

Wolf, A. (1970). Childhood association and sexual attraction: A further test of the Westermarck hypothesis. *American Anthropology, 72,* 503–515.

Yin, R. K. (2008). *Case study research: Design and methods.* Thousand Oaks, CA: Sage.

索引

社會叢書

民族誌學（第三版）

作　　者／David M. Fetterman
譯　　者／賴文福
出 版 者／揚智文化事業股份有限公司
發 行 人／葉忠賢
總 編 輯／馬琦涵
編　　輯／吳韻如
地　　址／222 新北市深坑區北深路三段 260 號 8 樓
電　　話／(02) 8662-6826
傳　　真／(02) 2664-7633
網　　址／http://www.ycrc.com.tw
 E-mail ／service@ycrc.com.tw
印　　刷／鼎易印刷事業股份有限公司
 I S B N ／978-986-298-090-3
三版一刷／2013 年 6 月
定　　價／新台幣 300 元

國家圖書館出版品預行編目（CIP）資料

民族誌學／David M. Fetterman 著；賴文福譯.
－－三版. --新北市：揚智文化，2013.06
面： 公分. - -（社會叢書）
譯自 : Ethnography : step by step, 3rd ed.
ISBN 978-986-298-090-3（平裝）

1. 民族學 2. 研究方法

535.031 102008214